KB275395

정무적 판단

결정적 순간의 연속

정무적 판단

결정적 순간의 연속

박성준 지음

알파미디어

12.3 내란을 겪고, 2025년 6.3 대선을 치르고, 이재명 후보가 대통령으로 당선됐다. 그 이후 한시름 놓은 시점에 박찬대 전 원내대표가 당대표 선거에 출마했다. 원내대표와 원내수석으로 한 호흡을 맞추며 내란을 극복했던 동지로서 다시 박찬대 당대표 선거를 돕게 됐다. 예상과는 다른 결과가 나왔다. 차분한 정리의 시간이 필요했다. 2020년 정치에 입문하고 원내대변인, 당대변인, 수석대변인, 비대위원장 비서실장, 원내수석, 정무2실장 등 숨 가쁘게 달려왔다. 호흡의 시간을 가질 필요가 있었다. 몸이 간절히 원했다.

며칠 쉬면서 허전함도 밀려들고, 또 다른 도전의식도 자연스럽게 솟아났다. 그런 가운데 나의 정치를 되돌아보고, 좀 더 긴 안목으로 정치를 바라보기 위해 책을 쓰기 시작했다. 책은 나의 실제

경험을 토대로 해서인지 빠른 속도로 썼다. 집과 의원실, 기차와 비행기, 커피숍 등 장소에 구애받지 않고 틈틈이 써 결실을 거두었다. 특히 평소 기록했던 메모장이 큰 도움이 됐다.

책의 제목이 불현듯 떠올랐다. 정치권에 들어와 가장 많이 언급하는 '정무적 판단'이었다. 정치의 최전선에서 어떤 정무적 판단을 하고, 어떻게 결정에 이르렀는지 생생하게 전하고 싶었다. 지금까지 많은 이들이 여의도에서 정무적 판단이라는 용어를 즐겨 썼지만 정확한 정의는 찾아볼 수 없었다. 정치학을 토대로 학문적 접근과 정치인으로서 정치현장에 적용할 수 있는 실용적 접근으로 정무적 판단에 대한 정의를 내렸다. 아마 한국 정치사에서 첫 시도가 아닌가 싶다.

제1장은 정무적 판단의 정의를 내리고, 정무적 판단에 있어 어떤 당직을 맡고 실행했는지 설명했다. 정치는 판단과 결정, 추진 그리고 책임이 따르는 연속의 과정이다. 정치에 있어서 최초의 발단은 판단이다. 어떻게 판단하느냐에 따라 결정과 추진 방향이 달라지고 성공을 좌우하게 된다. 정치에 있어 판단은 여러 기준이 있다. 도의적인 윤리적 판단, 법리적 판단, 정책적 판단 등이 있지만 최종적 판단은 모든 제반 상황을 고려한 정무적 판단이다. 정무적 판단은 정치에 있어 필수 코스이다. 정치에 입문한 이후 민

주당 지도부에서 일하면서 정무적 판단을 하고 제안하는 자리에 있었다. 정무적 판단을 몸소 체험한 실증적 사례를 중심으로 책을 썼다. 생생한 정치의 현장을 담았다.

제2장은 정무적 판단의 실행과정과 어떤 판단과 결정을 했는지, 직접 겪은 사례를 중심으로 전개했다. 이재명과 이낙연의 회동, 이재명과 윤석열의 영수회담 등 역사의 갈림길에서 어떤 정무적 판단을 했는지 사실 그대로 담아냈다. 흥미진진하고 아슬아슬한 장면을 느낄 수 있다. 정무적 판단의 진수를 독자 여러분과 함께 공유할 수 있을 것이다.

제3장은 윤석열 정권에 대한 정무적 판단들을 대변인과 원내수석 당시 브리핑과 언론 인터뷰, 기자들에게 설명했던 실제 내용을 중심으로 글을 썼다.

제4장은 지난 2025년 대통령선거에서 대선 캠프 정무2실장으로서 어떤 정무적 판단을 하고 실행에 옮겼는지 설명한다. 사법 내란에 어떻게 맞서고, 대선을 어떻게 규정하고 있는지, 마지막 유세 장소로 여의도와 애국가 4절 제창 등 대선 과정에서 펼쳐지는 정무적 판단의 전개 과정을 생중계하듯이 녹여냈다.

제5장은 이재명 국민주권정부의 국정철학과 성공조건이 무엇인지, 진심을 담아 제시했다.

마지막 장은 초심으로 돌아가 2020년 정치에 입문하던 당시 '왜 정치를 하려 했는가'에 대한 나의 다짐을 되돌아보고, 나의 정치 비전과 내가 꿈꾸는 정치의 모습을 다시 한번 짚어보았다.

이 책은 부담 없이 읽어 내려갈 수 있지만, 장면과 장면이 역사의 순간이다. 정무적 판단에 따라 정치 생명이 좌우되는 결정적 순간의 연속, 드라마보다 더 극적인 상황이다. 글을 읽으며 그 한 장면에 체화되고 그 순간에 자신은 어떤 정무적 판단을 내릴지 생각하며 읽는다면 정치 세계를 더욱 잘 이해할 수 있을 것이다. '정무적 판단'이 정치인, 언론인, 정치학자뿐만 아니라 당원과 일반 시민, 특히 학생들에게도 이론과 현실을 접목할 수 있는 계기가 되기를 기대한다. 이 책을 통해 한국 정치가 좀 더 성숙될 수 있기를 바란다.

박성준

목차

들어가며

|3장| 윤석열 정권에 대한 정무적 판단

|4장| 대선승리를위한정무적판단

정무적 판단의 본질

정무적 판단이란?

정치권에 입문한 이후 가장 많이 듣는 말이 '정무적으로'였다. 이 현안이 정무적으로 이 시점에 적절한가? 이 사안을 결정했을 때 당내에서는 정무적으로 잘했다고 할까? 정무적으로 언론이 어떻게 받아들일까? 최종적으로 국민이 공감할 수 있는 정치적 판단이 필요하기 때문에 정치 현안이 발생할 때마다 정무적이라는 용어는 필수적으로 따라붙는다.

정무적 판단을 정의 내린다면 의사결정을 할 경우 정책적·법리적 판단을 기본으로 하고, 정치적 이해를 둘러싼 역학관계나 권력관계, 당시의 대내외적 상황, 국민 여론, 언론 대응, 정치 지도자의 감정 상태 등을 종합적으로 고려해 내리는 판단을 말한다.

정무적 판단은 법적 추론(legal mind)이나 경제적 추론(economic mind)도 아니고, 법과 원칙을 뛰어넘어 철저하게 정치적 추론(political mind)으로 현실 정치에 뿌리를 내려야 한다. 현실 정치의 흐름을 읽고 그 파장이 어디까지 미칠지 냉철한 판단을 해야 한다.

정무적 판단은 단순한 결정이 아닌 정치 현안에 대한 상황을 고려해 최종 결정하기까지 모든 과정을 말한다. 이 정무적 판단의 핵심은 최종 목표가 무엇인가이다. 정치적 목적을 달성하기 위한 판단이다. 정무적 판단은 반드시 현안이 있고 현안을 둘러싼 대내외적 환경과 함께 작용과 반작용이 일어나는 정치 주체와 객체가 있다. 하나의 현안이 발생하면 '선제적 대응을 할 것인지 후발 대응을 할 것인지? 또는 인물에 대한 공세적 포인트로 접근할지? 사안 그 자체에 집중할 것인지? 또는 수세와 방어 기조로 전환할 것인지? 최종적으로 언론과 국민은 어떻게 받아들일지?' 등 여러 변수를 짚어보고 최적의 안을 도출한다. 사안을 집중적으로 분석하는 것이지만, 정치적 주체와 객체의 역학관계와 그 파장과 영향을 종합적으로 접근해 정치적 목적을 달성하는 것이라고 할 수 있다.

예를 들어 대통령의 사면복권의 경우, 대통령 고유 권한으로서 법과 원칙에 따라 권한을 행사하지만 '누구를 사면복권에 포함할지? 그 대상자를 사면복권했을 경우 언론과 여론의 향배는 어떨지? 국민 여론이 매우 부정적인데도 돌파할 것인지? 여야의 대립 구도와 갈등이 심하고 사회적 파장이 크더라도 추진할 것인지? 아니면 추진을 미루고 한 호흡 길게 보고 갈지? 무엇보다도 사면복권의 정당한 목적에 부합하는지?' 등을 종합적으로 판단해야 한다.

또 하나 예를 들면 토끼를 잡을 때 토끼몰이와 토끼목 지키기가 있다. 정무적 판단은 토끼몰이식의 일방적 방식으로 갈지? 이번에는 토끼목을 지키는 인내 전략을 쓸지? 아니면 두 가지 다 활용하는 양동작전을 펼지? 토끼를 잡을지 말지 결정하는 것은 물론, 어떤 방식으로 잡을지 결정하는 과정을 모두 포괄한다. 또한 잡히는 토끼의 입장과 반응, 이 과정을 지켜보는 제3자의 생각, 토끼를 잡은 이후 후속 과정과 그에 대한 반응까지 함께 고려해야 한다.

정무적 판단에 대해 수학적 표현을 빌리자면 일차함수가 아니라 다차함수로 고차방정식에 가깝다고 볼 수 있다. 정무적 판단은 법률적으로 가능하더라도, 개인의 도덕적 영역과 사회적 관계를 포괄하는 정치적 영역까지 고려해 판단하고 결정하는 전반적 과정을 말한다. 또한 정치적 결정 전과 결정의 과정, 결정 이후의 모든 과정에 정무적 판단이 따르게 된다.

정무적 판단을 위해서는 정치의 최종 소비자인 민심을 잘 읽어야 한다. 정무적 판단을 하는 위치에 있는 정치인은 국민의 마음과 여론의 향배가 어느 곳으로 흐르고 있는지 촉각을 세우고 있어야 한다. 특히 정치의 큰 흐름, 민심의 도도한 물결을 잘 이해하고 있어야 하고 민심의 표층뿐만 아니라 심층에서 어떻게 움직이고 있는지, 그 행간을 꿰뚫어야 한다. 동시에 늘 자신의 생각과 입장을 정리해 당 지도부나 동료 의원, 언론인, 시민 등 그 누구를 만나더라도 설명하고 설득할 수 있어야 한다. 성공적인 정무적 판단을 위해 필요한 요소에 대하여, 그동안의 경험을 통해 얻은 정무적 판단의 노하우를 정리하면 다음과 같다.

1. 정치적 목표가 분명해야 한다.
2. 시기별로 전략을 세우고 전략의 핵심 포인트에 대한 지속적인 관리가 필요하다.
3. 여론 형성을 위해 언론 홍보의 중요성을 늘 인식해야 한다. 기자회견, 대국민담화, 언론 브리핑, 현장 방문, 규탄 집회 등 대

국민 메시지를 통해 여론 형성에 적극적이어야 한다.

4. 정치적 목표를 달성하기 위한 정무적 판단은 결국 당대표를 비롯한 지도부의 이미지, 당의 이미지로 귀결된다는 점을 명심해야 한다. 정무적 판단의 최종 소비자이자 수용자인 국민의 인식과 이미지를 염두에 두고 언론 홍보에 나서야 한다.

5. 정무적 판단은 사실을 기반으로 해 늘 팩트 체크가 필요하다.

6. 정치의 흐름이 어떻게 변화하고 있고, 그 흐름은 언제든지 바뀔 수 있다는 유연하면서 열린 자세가 필요하다. 정치적 판단의 객체인 국민의 트렌드를 읽어야 민심의 궤도를 벗어나지 않는다.

7. 이슈를 선점해야 한다. 이겨놓고 싸운다는 자세로 임해야 한다. 현안 대응을 할 때 선제 대응과 사후 대응이 있다면 정무적 판단은 선제 대응을 비교우위에 둬야 한다. 유리한 이슈를 선점하고 지속 가능하게 해야 한다.

8. 정치적 판단을 정치 언어로 만들고 국민에게 핵심 키워드로 정리해 알기 쉽게 전달해야 한다. 함축적이면서도 간결한 정치 언어는 국민의 마음을 하나로 모을 수 있고 정무적 판단의 결정체로 나타난다.

9. 마지막으로 정무적 판단의 기준이 있어야 한다. 정무적 판단

은 정치적 기술이나 계산이 아닌 정치 철학의 기본 위에서 출발해야 한다. 국민주권의 원리라는 대전제 속에서 국민과 소통하고, 토론하고, 충분한 숙의를 통해 시대정신을 구현하겠다는 뚜렷한 정치적 기준을 갖고 정무적 판단을 해야 한다.

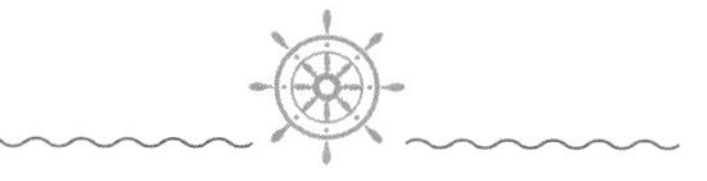

정무적 판단의 길

2020년 21대 총선에 당선된 이후 여러 당직을 맡았다. 사실상 정치 입문과 동시에 원내대변인, 당대변인, 비대위원장 비서실장, 수석대변인, 그리고 원내수석과 정무2실장 등을 연이어 맡으며 정치의 최전선에서 정무적 판단을 하는 자리에 있었다.

원내대변인은 원내대표가 지명하고 국회에서 일어나는 사안에 집중해 대변하는 역할을 맡는다. 여야 협상과 입법과 정책에 대한 공식 입장, 상임위원회와 본회의에 대한 설명, 그리고 정치적 현안에 대한 민주당 원내의 공식 입장을 국민과 언론에 전달하는 역할을 한다. 따라서 정책과 입법, 특히 여야 협상에 대해 어느 수준까지 공개하고 어떤 방식으로 전달할 것인가에 대한 정무적 판단은 필수적이다.

당대변인은 당대표가 임명하는 자리로 늘 언론과 소통하며 당의 공식적인 입장을 발표하게 된다. 현안에 대해 기자들과 수시로 전화하며 공식, 비공식 가릴 것 없이 언론 브리핑을 한다. 대변인은 논평과 같은 공식 브리핑이 끝나고 기자들과 만나 정치적 사안에 대해 설명하는 백브리핑 자리가 뒤따르기 마련이다. 백브리핑은 단순한 팩트 전달과 함께 그 이면에 대한 해석을 곁들인 설명이 이어지는데 여기에서 대변인의 능력을 좌우하는 정무적 판단이 이뤄지게 된다.

당대변인과 원내대변인의 가장 큰 차이는 당대변인은 모든 현안에 대해 정당을 대변한다고 할 수 있고, 원내대변인은 국회 내 현안에 좀 더 집중한다고 볼 수 있다. 당대변인이나 원내대변인은 사안이라는 뼈대 위에 정무적 판단이라는 살을 붙여 당과 원내를

대변해 기자들과 소통하고, 논평하고, 이슈에 대응하는 자리이다. 2020년 당선돼 국회에 들어와 거의 4년 동안 원내대변인과 당대변인, 그리고 재선이 되자마자 수석대변인을 맡아 일했다. 대변인은 정부와 정당에서 일어나는 모든 사안 전반에 대해 늘 촉각을 세우고 있어야 하고 사안마다 입장을 정리해 둬야 한다. 대변인 자리는 어렵고 힘든 과정이었지만 언론인에서 정치인으로 모드 전환을 빠르게 할 수 있고, '정무적 판단'을 순간순간 체화할 수 있는 최적의 자리였다.

2024년 재선이 되고 수석대변인을 맡아 일하던 중 2024년 5월 원내대표 선거가 있었다. 원내대표 단일후보였던 박찬대 후보에게서 어느 날 전화가 왔다. 원내수석을 맡아 달라는 것이었다. 사실 국회 내에는 재선의원의 꽃은 원내수석이라는 말이 있다. 이재명 대표와 잘 조율했으니 원내수석을 맡아 같이 일하자는 제안이었다. 새로운 도전이었고 꼭 일해보고 싶어 받아들였다.

무엇보다도 2022년 대선 당시, 이재명 캠프에서 선임대변인으로 일하면서 박찬대 의원을 수석대변인으로 모시고 함께 호흡을 맞췄던 경험이 있었기 때문에 망설이지 않고 일하게 됐다. 박찬대 원내대표의 리더십은 누가 잘하면 그 장점을 최대한 살려주고, 세트 플레이를 통해 조직을 활성화하는 포용의 리더십이다. 그리고 현안에 대한 깊이 있는 분석과 디테일이 매우 강하고 정무적 판단도 매우 뛰어나다. 같이 일하면서 많은 것을 배우고 함께 호흡을 맞췄다.

원내수석의 정식 명칭은 원내운영수석부대표로 원내대표를 보좌해 원내를 실질적으로 운영하는 자리이다. 원내운영수석부대표를 짧게 원내수석 또는 운영수석이라고 부른다. 국회에서는 원내라는 말을 주로 사용하는데, 원내(院內)는 국회 안을 뜻하고, 국회 내에서 일어나는 다양한 활동을 말한다. 원내대표는 국회 내 수많은 일을 하기 때문에 각 상임위와 지역을 고려해 20여 명의 원내부대표를 임명하고 보좌를 받게 된다. 원내수석부대표는 20여 명의 원내부대표의 좌장 역할을 맡는다고 할 수 있다. 원내수석은 원내대표를 보좌해 원내 전략을 수립하고, 여야 협상을 실질적으로 사전 조율하며, 상임위원회와 본회의 등 국회 일정을 상대당 및 국회의장단과 협의를 통해 확정한다. 또한 정책과 법안의 시기와 내용을 조정하고, 의원총회, 원내대책회의, 정책조정회의를 주관하며, 다른 당의 원내수석들과 협상 창구 역할을 맡을 뿐만 아니라 원내 행정적, 실무적 업무까지 챙겨야 한다.

2024년 5월 원내수석을 맡을 당시는 총선의 압승 이후 윤석열 정권을 둘러싼 각종 의혹에 대한 국정조사와 청문회에 이어 국정감사를 넘어 예산과 탄핵안까지 굵직한 정치 현안이 즐비했다. 평시라면 원내수석 임기 1년에 한두 번 있을까 말까 한 중대한 사안이 거의 매주 이어졌고, 협상의 당사자로서 최전선에서 국민의힘과 일합을 겨루었다. 2024년 5월부터 2025년 6월 대선이 끝날 때까지 매순간 정무적 판단을 거듭하며 1년 1개월 넘게 원내수석으로 일했다. 원내수석의 또 다른 이름은 '준비된 협상가이자 정무적 판단가'라고 생각한다.

2022년 20대 대통령선거에서 선대위대변인으로 동분서주하고 몸이 지칠 대로 지쳐 있었다. 보통 선거에서 이기면 몸과 마음도 바로 회복되지만 패배하게 되면 그 자체로 후유증이 매우 크다. 며칠 쉬면서 해파랑길 트래킹을 하기 위해 부산에 내려가 있었다.

대선 패배 후 민주당은 격랑 속으로 들어갔다. 대선 패배 이후 송영길 당대표가 사퇴를 하고 바로 민주당은 비대위 체제로 전환됐다. 그리고 얼마 지나지 않아 뉴스를 통해 비대위원회가 구성되고 윤호중 원내대표가 비대위원장을 맡는다는 소식을 접했다. 부산에 내려간 다음 날이었다. 이른 아침부터 전화벨이 울렸다. 윤호중 비대위원장이었다. 비서실장을 맡아서 위기를 같이 극복하자고 말씀해 주셨다. "알겠습니다"라고 대답하고 바로 서울로 올라갔다.

비대위원장은 비상시국에 만들어지는 자리지만 사실상 정당의 최고 책임자인 '당대표'의 또 다른 이름이라고 할 수 있다. 비대위원장 비서실장은 당대표 비서실장과 같은 위상으로 비대위원장을 가장 가까운 곳에서 보좌한다.

비대위원장은 원내와 당을 총괄한다는 점을 고려할 때 그 권한과 책임이 막강하지만, 대선 패배 후 어수선한 분위기와 연이어 벌어지는 지방선거로 인해 확실한 키를 잡고 강력한 리더십을 발휘하기 쉽지 않았다. 비대위원장 비서실장은 비대위원장의 공식과 비공식 일정을 관리하고, 메시지와 지시사항을 잘 전달해 당이 원활하게 움직이도록 하는 것이 가장 주된 임무다. 여기에 당 안팎에서 벌어지는 모든 현안을 비대위원장에게 보고하고, 당 내외 인사들(타 정당 대표, 언론, 당내 주요 인사)과의 소통 창구 역할을 하기도 한다. 이를 바탕으로 비대위원장이 역할을 잘 수행할 수 있도록 보좌한다.

비서실장은 단순 비서의 역할이 아닌 가장 가까이에 있는 참모 역할을 하며 비대위원장의 판단과 결정, 업무 추진에 대해 조언하기 때문에 비서실장의 정무적 판단력은 당의 의사결정에 크고 작은 영향력을 미치게 된다.

보통 원내대표, 사무총장, 정책위의장, 비서실장, 수석대변인을 일컬어 정당에서는 당5역이라고 부른다. 당5역은 당대표의 의사 결정에 가장 큰 영향을 미치는 직위로 이들의 정무적 판단 능력에 따라 당의 흥망이 좌우될 수 있다. 당 최고위원회는 당대표를 비롯하여 최고위원, 당5역, 원내수석과 전략기획위원장, 홍보위원장, 사무부총장이 참여하는 최고 의사결정 기구이다. 당 최고위원회는 여러 현안에 대해 의사결정을 하는 과정에서 당의 지도부는 각자의 정무적 판단을 통해 의견을 제시한다. 그리고 여러 회의를 통해 의견을 모아 결국 여러 정무적 판단 중 가장 높은 공감을 이끌어낸 의견이 채택된다.

2025년 6월, 윤석열 대통령 파면으로 조기 대선이 열렸다. 21대 대통령선거에서 정무2실장을 맡아 일했다. 이재명 대통령 후보 직속으로 후보실이 설치됐고 후보실은 각각 비서실과 배우자실, 정무1실, 정무2실로 파트를 나눠 구성했다. 후보실장이 비서실과 수행팀, 정무팀, 일정팀, 메시지팀을 총괄했고, 정무1실과 정무2실은 이재명 후보의 주요 일정과 메시지, 선거상황 등에 대해 수시로 보고하고 대응 전략을 제시했다.

그 가운데 역할을 나눠 정무1실은 레드팀(red team)의 역할로서 내부에서 일어날 수 있는 문제들을 미연에 방지하고 점검한다는 점에 중심을 뒀다면, 정무2실은 후보의 긍정적 측면을 좀 더 부각

시킬 수 있는 포지티브(positive) 전략에 초점을 맞췄다.

정무실을 정무1실과 정무2실로 나눈 것은 다양한 관점을 반영해 비판적 사고와 객관성을 유지하기 위함이었다. 이를 통해 국민의힘 후보의 선거 전략과 허점을 분석하고 동시에 우리 후보의 강점을 강화하면서 약점을 보완할 수 있는 전략을 마련하고자 했다. 정무1실과 정무2실에서 마련된 분석안과 전략들은 후보실 회의의 의사결정 안건으로 올라가 선거 전략의 의사결정 구조를 간결하게 만들고 강화할 수 있는 긍정적 효과를 낳았다.

정무2실장으로서 후보 일정, 선거 기획, 현안 대응, 전략 수립 등 정무(政務) 관련 업무를 수행했다. 정무2실장은 모든 현안 하나하나에 대해 정무적 판단을 하는 자리이기 때문에 대통령선거에서 한시도 마음을 놓을 수 없다. 단 한 번의 정무적 판단이 대통령선거의 승패를 가를 수 있기 때문에 그 정치적 무게와 부담은 상당했다. 지난 대선에서 정무2실장으로서 냉철한 정무적 판단으로 국민의힘과 진검승부를 펼쳤다.

이렇게 2020년 국회에 입성한 이래 당대변인, 원내대변인, 비대위원장 비서실장, 수석대변인, 원내수석, 정무2실장을 맡아 최고위원회의부터 다양한 선거 과정에서 열리는 다양한 회의와 원내에서 열리는 모든 회의에 참석해 '정무적 판단'을 기초로 많은 의견을 제시했다. 그 경험을 바탕으로 정무적 판단은 어떻게 하고, 어떤 실행 과정을 거치며, 어떤 결정과 결과를 가져왔는지 직접 겪은 사례를 바탕으로 풀어 보려고 한다.

2장

역사의 갈림길,
정무적 판단과 선택

이재명 對 이낙연

눈이 엄청 내리는 날이었다. 잊을 수 없는 정치의 한 장면이다. 2023년 12월 30일 오전 10시, 더불어민주당 이재명 대표와 이낙연 전 대표가 덕수궁 근처 식당에서 전격 회동을 했다. 이낙연 전 대표가 나름 승부수로 압박 카드를 내밀었다. 연말까지 민주당의 지도체제를 이재명 대표가 사퇴하고 통합 비상대책위원회로 전환하라고 요구했다. 만약 받아들이지 않는다면 이낙연 전 대표는 탈당하고 신당을 만들겠다고 엄포를 놓은 상황이었다. 총선을 불과 몇 달 앞둔 시점에서 어떤 결론을 낳을지 당내뿐만 아니라 모든 언론이 주목하는 초미의 관심사였다.

대변인으로서 이재명-이낙연 회동에 참석할 예정이었다. 회동을 하루 앞둔 12월 29일, 늦은 밤 이재명 대표에게 전화를 드렸다. 지금 생각해봐도 극적이었다. 전화벨이 채 울리기도 전에 이재명 대표가 전화를 받았다.

"대표님, 꼭 말씀드리고 싶어 전화드렸습니다. 이낙연 전 대표가 주장하는 안을 수용하면 안 된다고 생각합니다."

각설하고 본론부터 이야기를 꺼냈다.

"왜 그런가요?"

전화기로 이재명 대표의 목소리가 들렸다. 차분히 말씀을 드렸다.

"윤석열 정권이 이 나라를 망치고 있고 위기입니다. 윤석열과 싸우기 위해서 하나로 힘을 모으기 위해 대동단결해야 합니다. 이낙연 전 대표의 통합비상대책위원회는 총선을 앞둔 시점에서 분열 선대위가 될 것이 뻔합니다. 그리고 이낙연 전 대표가 이재명 대표님에게 사퇴를 요구하는 것은 민주당 절차에 의해 선출된 당대표를 인정하지 않는다는 것입니다. 민주당의 시스템을 붕괴시키려는 의도입니다. 내년 총선에서 이낙연 전 대표가 자신의 지분을 챙기려는 불순한 의도에 불과합니다. 내일 통합비상대책위원회 안을 받아들이면 안됩니다."

이런 취지로 말씀드렸다. 이재명 대표는 "네, 알겠습니다."라고 추가의 말 없이 전화기를 내려놓았다.

2023년 12월 30일 아침, 눈이 펑펑 내리고 있었다. 아침에 일어나 이재명 대표에게 한 번 더 정리해 말씀드려야겠다고 마음먹고 몇 가지 정리를 했다. 이재명 대표가 이낙연 전 대표와의 회동에 어떤 스탠스를 취하면 좋을지에 대해 간단히 메모를 했다. 그 당시 휴대전화에 적었던 메모다.

1. 대표님의 스탠스는 이번 총선에서 대표님의 리더십으로 이끌고 가겠다는 강한 의지를 가져야 한다고 봅니다.
2. '어떤 역할이든 다 맡아 주시라'고 이낙연 전 대표의 안을 수용할 경우, 자칫 정치적 거래처럼 각인돼 역효과가 클 것 같고요. 이것은 과거의 정치 문법이라고 생각합니다. 추후 총선 진행 과정에 분열 요인이 돼 총선판 자체가 흔들릴 수 있다고 봅니다.
3. 오늘은 대표님이 만나고 들어주는 것으로 성과가 있다고 봅니다.
4. 이낙연 전 대표의 요구를 받아준다면 대표님이 유약한 지도자로 비춰질 수 있다고 봅니다.
5. 지금은 대표님의 묵묵부답 태도가 가장 적절하다고 판단합니다.

택시로 이동하며 당내 이슈로 볼 때 오늘 회동이 22대 총선의 승패를 가르는 결정적 계기가 될 수 있다는 생각이 들었다. 회동 장소에 윤영찬 의원과 천준호 의원, 김영진 의원이 속속 도착했다. 이재명 대표 측에서는 천준호 비서실장과 김영진 당대표 정무조정실장, 그리고 당대변인으로서 내가 참석했고, 이낙연 전 대표 측에서는 윤영찬 의원이 함께했다.

양측 대변인 자격으로 윤영찬 의원과 함께 회동하는 룸에 들어가 진행사항을 점검하고 최종 브리핑은 누가 할지 등 실무적인 부분에 대해 대략적인 의견을 나눴다. 윤영찬 의원의 얼굴과 태도를 보니 뭔가 자신감이 있었고 미소가 떠나지 않는 분위기였다.

'이건 뭐지? 뭔가 싸늘한 기운이 감돌았다. 간밤에 무슨 일 있었나? 서로 어느 정도 합의가 이뤄진 것인가? 보통의 회동은 회동 전에 의견을 조율하고 회동에서는 사인만 한다는 것이 사실인가?'

여러 생각이 스쳐갔다. 윤영찬 의원의 미소에서 우려했던 일이 벌어질 수도 있다는 생각에 정신이 번쩍 들었다. 시계를 보니 이재명 대표가 도착할 시간이 다 되어 가고 있었다. 바로 나가 이재명 대표를 마중했다. 반드시 회동 전에 이재명 대표에게 메모해 뒀던 내용을 전달하기 위해 이재명 대표가 차에서 내리기를 기다리며

© 뉴시스

기회를 보고 있었다.

그러나 막상 내리는 순간 기자와 지지자들이 주변으로 몰리며 차분하게 대화를 나누기 어려웠다. 대표님께 다가가 단 한마디만 했다.

"대표님, 절대 이낙연 전 대표의 주장을 받아들이면 안됩니다. 절대로요."

이재명 대표는 묵묵히 회동 장소에 들어섰다. 본격 회동에 앞서 가벼운 인사를 나눈 후 이재명-이낙연, 둘만의 회동이 진행됐다. 오전 10시에 시작된 회동이 한 시간 가까이 진행됐다. 밖에서 기다리는 동안 물을 계속 마시며 마음을 추스렀다.

마침내 회동이 끝나고 회동 룸에 윤영찬 의원과 함께 들어갔다.

문을 여는 순간 냉기가 흘렀다. 회동이 무산되고 결렬됐다는 것을 바로 느낄 수 있었다. 이재명 대표와 이낙연 전 대표는 접점을 찾지 못했다.

그 자리에서 양측 입장과 몇 가지 핵심적인 사안을 정리하고 대변인이 브리핑하기로 했다. 윤영찬 의원이 최종 브리핑은 대변인이 하는 게 좋겠다고 말하고 먼저 자리를 떠났다. 짧은 인사말을 남기고 이재명 대표와 이낙연 전 대표가 떠난 후 기자들에게 백브리핑했다. 백브리핑 전문은 다음과 같다.

"이재명 대표께서는 '당은 기존의 시스템이 있다. 당원과 국민의 의사가 있어서 존중해야 한다. 따라서 사퇴나 비대위를 수용하기 어렵다.'고 말씀하셨습니다. '엄중한 시기인데 당을 나가는 것보다 당 안에서 가능한 길을 찾는 것이 중요하다. 특히 이낙연 대표님이 민주당의 정신과 가치를 지키는 것은 당을 나가는 것이 아니라 당 안에서 지켜나가야 한다.'고 말씀하셨습니다. '그리고 무엇보다 중요한 것은 단합이다. 당 안에서 함께 노력해주기를 당부를 드렸다'고 합니다."

"그리고 이낙연 전 총리님은 '그동안 당 안팎에서 혁신에 대한 충정 어린 제안이 있었는데 이재명 대표의 응답을 기대했지만 응답이 나오지 않았다. 지난 7월 이재명 대표를 만났을 때부터 혁신을 통한 단합을 강조했으나 혁신이 이뤄지지 않고 있고 그 반대로 갔다. 따라서 이러한 상황에 대해서 우려를 표명했다'고 말씀하셨습니다. '당을 지키는 것은 당의 정신과 가치를 지키는 것이어야 한다. 양당을 떠난 국민도 국민이고 민주당을 떠나는 국민을 모셔오는 것이 정치 발전에 도움이 된다. 민주당이 잘 되기를 바란다. 그러기 위해서는 민주당이 수십 년 동안 지켜왔던 가치와 품격을 유지해야 한다. 그러나 지금 민주당에 그런 기대를 갖기는 어렵다' 이렇게 말씀하셨습니다."

기자들의 핵심 질문은 이낙연 전 대표가 요구한 내용과 그에 대한 이재명 대표의 반응과 입장이었다. 기자들의 질의에 다음과 같이 답변했다.

일문일답

Q. 사퇴 요구를 거부한 것으로 봐야 합니까?

A. 앞서 기자들의 질의에 사퇴 요구는 거부했다고 이낙연 대표는
말씀하셨습니다. 이재명 대표는 사퇴나 비대위를 수용하기 어
렵다고 말씀하셨습니다.

Q. 회동에서 제3의 안은 무엇입니까?
A. 그런 안은 없었습니다. 제3의 안보다는 이낙연 전 총리가 통합
비대위에 대한 부분을 제안했는데 그 부분에 대한 것은 이재
명 대표가 거부했다는 사실을 이낙연 전 총리가 확인해주셨습
니다. 회동 안에서는 통합비대위, 그러니까 사퇴가 언급됐다
는 것을 알 수 있습니다.

Q. 이재명 대표는 이낙연 전 총리에게 어떤 제안을 했습니까?
A. 충분히 말씀드렸는데, 엄중한 시기이기 때문에 당 안에서 가
능한 길을 찾아야 합니다. 그리고 당 안에서 단합이라고 하는
부분, 당에서 함께 노력해주길 바란다는 말씀을 하셨습니다.

Q. 공동선대위원장은?
A. 그런 내용은 없었습니다.

Q. 양당을 떠난 국민도 국민이고 민주당을 떠난 국민도 모셔오는 것이 정치 발전에 도움이 된다고 했는데 연동형 관련 내용인가요?

A. 그것은 아니고, 그 안에서 선거제로 언급하는 것이 아니라 맥락상 이낙연 전 총리의 말씀을 그대로 해석하는 것이 맞을 것입니다. 따로 부연 설명하는 것은 맞지 않습니다.

Q. 이낙연 전 총리가 신당 언급을 했나요?

A. 그런 언급은 없었지만 제가 브리핑한 내용에 그 내용이 다 언급되지 않았나 생각합니다. 그것은 추후 기자 여러분이 취재하는 것이 좋을 것입니다. 제가 살을 붙이는 것은 맞지 않습니다.

Q. 혹시 공천 관련 예비 후보 검증 논란 내용은 있나요?

A. 그런 내용은 없었던 것으로 알고 있습니다.

Q. 공천권 관련 내용은 있습니까?

A. 없습니다.

Q. 당 안에서 가능한 일을 찾는 게 좋겠다 말씀하셨는데, 구체적

설득 방안을 제시한 것이 있는지요?

A. 먼저 맥락을 좀 봐야 할 텐데, 제가 여기서 살을 붙이게 돼서 조심스러운 부분이 있습니다. 원고 그대로 받아들이면 좋을 것 같습니다. 그러니까 이낙연 전 총리가 말씀한 내용과 이재명 대표가 말씀하신 내용을 비교해 들어보시면 거기서 충분한 말씀 녹아 있는지 알 수 있을 것입니다. 대변인이기 때문에 해석하고 언급하는 것은 마땅하지 않습니다.

Q. 추후 회동 계획은 있습니까?

A. 그런 계획은 없는 것으로 알고 있습니다.

Q. 오늘 회동 분위기에 대해 들은 것이 있습니까?

A. 전체적인 분위기가 좀 엄중한 분위기 아니었나요? 여러분도 같이 기다리며 봤지만 나오실 때 분위기가 상당히 엄중했다 이렇게 보시면 될 것 같습니다.

Q. 혹시 '원칙과상식' 분들에 대한 언급은 없었는지?

A. 구체적인 이야기는 안 했을 것 같습니다. 그래도 뭐 거기까지 들어보지는 않았습니다. 여기서 마치겠습니다.

기자들과 일문일답에서 이재명 대표는 이낙연 전 대표가 요구한 당대표 사퇴와 통합비대위 구성은 수용하기 어렵다고 확실하게 선을 그었다는 점을 알렸다.

이재명 대표에게 이낙연 전 대표의 요구를 수용하지 않아야 한다고 조언한 이유는 간단했다. 정치의 과거 문법을 따라서는 안 된다는 것이 핵심이었다. 그런데 당시 당내 대부분의 여론은 통합비대위는 수용하는 것이 좋겠다는 쪽으로 분위기가 흐르고 있었다. 그것은 일종의 타협으로 사퇴 요구는 철회하고 대신 통합비대위 구성으로 중간지대를 만들어 당의 분열을 막아야 한다는 논리였다. 특히 총선을 앞두고 적절한 지분을 인정하는 것이 통상적인 정당 내 관례라는 말들도 오갔다.

하지만 내 생각은 달랐다. 민주당은 민주당이 가진 민주적 시스템을 통해 당원과 국민의 투표로 당대표가 선출된다. 사퇴 요구는 민주당의 민주적 절차를 인정하지 않는 행위이다. 정치적 거래의 카드로써 당대표 사퇴를 요구하는 것은 저급한 정치적 술수에 불과하다고 판단했다. 궁극적 목적은 통합비대위를 구성해 총선에서 지분을 확보하려는 의도로 보였다. 알면서도 적절하게 타협하며 넘어가는 것은 있을 수 없다고 강조했다. 윤석열 검찰 정권과 맞서 싸우기 위해서는 단일대오로 단합해야 했다. 윤석열 정권과 싸우는 것이 아니라 내부 권력투쟁에만 힘을 쏟고 있는 이낙연 전 대표의 정치 노선은 타당하지 않았다. 나라가 엄중한 시기이고 윤석열 정권의 탄압에 대항하기 위해서는 당내에서 서로 도울 일을 찾는 것이 당연한 책무이다. 이재명 대표의 말처럼 "당을 나가는 것보다 당 안에서 가능한 길을 찾는 게 중요하고 무엇보다 중요한 것은 단합이다."가 정답이었다.

그러나 이낙연 전 대표가 이재명 대표에게 당대표 사퇴를 요구하고 탈당까지 암시하는 모습은 시대의 흐름에 전혀 맞지 않는 행위였다. 통합비대위가 구성되면 오히려 당내 분열이 가속될 것은 불을 보듯 뻔한 것이다. 무도한 윤석열 정권의 폭주를 저지하는 것이 시대적 흐름임에도 당내 지분 나눠먹기식 정치에 매몰되는 것은 시대를 역행하는 것이나 다름없었다.

이낙연 전 대표의 행보는 윤석열 정권 심판 구도를 흐리는 모습이었다. 윤석열 검찰 정권을 향해 강력한 공동전선을 펼쳐야 함에도 이낙연 전 대표는 윤석열이 아닌 이재명 대표에게 화살을 겨누고 있었다. 민심과 당심의 흐름과 역행하고 있었다. 그래서 고심 끝에 이낙연 전 대표와 선을 긋는 것이 시대의 순리를 따르는 것이라고 절실하게 말씀드렸던 것이다. 그리고 그것은 2024년 총선 승리의 결정적 계기가 됐다.

총선 승리 압승 예측

2024년 4월 총선을 앞두고 여러 분석이 나왔다. 정치인이나 언론인 또는 정치 평론가들은 자신의 경험과 여러 분석을 참조해 본인들만의 선거 예측 시나리오를 내놓는다. 크게 보면 대승과 완패 그리고 근소한 승리와 근소한 패배이다. 근소한 승리나 패배는 누구나 예측 가능한 시나리오이다. 대승과 완패에는 나름의 논리로 설명해야 설득 가능하다.

그러나 선거를 논리만으로 분석하는 것은 오류를 범할 가능성도 크다. 선거는 이성의 영역만이 아니라 감성의 영역, 감정 부분까지 함께 고려해야 한다. 또한 선거는 현재 시점이 아닌 선거 당일 시점까지 언제, 무슨 일이 일어날지 예측하기 어렵기 때문에 선거의 승패 여부를 예측한다는 것은 참으로 어려운 일이다. 다만, 돌발적인 변수가 발생하지 않는다는 가정하에 추세를 통해 어느 정도 흐름은 파악할 수 있는데 그 대표적인 방법이 바로 여론조사이다. 여론조사를 통해 표면에 흐르는 민심의 추이를 파악하고 나름의 정치적 감각과 논리력, 과학적 데이터를 결합해 선거의 심층에서 꿈틀대는 민심을 추측한다면 선거를 어느 정도 예측할 수 있다.

2024년 총선을 앞두고 모 언론사 선배로부터 전화를 받았다. 당시는 민주당에 대한 여론조사가 좋지 않게 나오던 시점이었다. 대변인으로서 이번 총선 판세를 어떻게 보고 있는지 의견을 물어 왔다. 전화로 평소 생각했던 총선의 흐름과 판세 그리고 정치적 감까지 조합해 몇 가지 말씀드렸다. 그리고 내용을 정리해 이재명 대표에게 보고드렸다. 정리한 내용은 다음과 같다.

언론사 선배와 총선 판세와 관련해 나눈 의견에 대해 보고 드립니다. 먼저 저는 개인적으로 2024년 총선을 낙관적으로 보고 있다고 전제했습니다. 그 이유는 다음과 같습니다.

첫째, 선거에서는 적극 반대층과 적극 지지층이 승패를 좌우한다고 봤습니다. 민주당이 참패했던 지난 2021년 4·7 서울시장보궐선거, 2022년 대선, 2022년 지방선거만 봐도 각종 여론조사에서 당시 문재인 정부에 대한 적극 반대층이 적극 지지층에 비해 약 2배에서 2.5배 가까이 높게 나타났습니다. 그런데 윤석열 정권 이후 이 흐름이 반전됐습니다. 각종 여론조사에서 윤석열 정권에 대한 적극 반대층이 적극 지지층보다 2배에서 2.5배 높게 나타나고 있습니다. 누적된 흐름이 견고한 상황에서 선거를 앞두고 쏟아지듯 나오는 몇 개의 여론조사 단순 지지율로 총선을 분석하면 큰 흐름을 놓칠 수 있다고 했습니다.

둘째, 여야의 리더 흐름을 봐야 한다고 주장했습니다. 특히 이 부분을 강조했는데 이재명 대표의 경우 비바람과 피바람까지 맞으며 살아 돌아왔을 뿐만 아니라 당내 분란 요소였던 이낙연 세력이 스스로 구조조정 되어 상승세를 타고 있다고 봤습니다. 반면에 윤석열의 경우 권력의 폭주기를 지나 폭락기로 접어든 완연한 하락세라고 판단했고, 여기에는 언론사 선배도 수긍했습니다.

셋째, 한동훈 얘기를 했습니다. 한동훈 비대위원장이 중도의 길을 걸으며 중도 확장정책으로 윤석열 정권을 포장했다면 선거 구도가 어려워졌을 수도 있다고 봤습니다. 그러나 한동훈이 대선 놀음에 빠져 운동권 청산이라는 이념적 공세도 모자라 여전히 전 정권 탓만 해서는 확장력에 한계가 있을 거라고 봤습니다.

넷째, 다시 여론조사를 얘기했습니다. 여당의 안정적 승리는 두 자릿수 이상 지지율 격차를 벌려야 가능한 것이지 오차 범위 내 박빙으로 가면 결국 심판론이 탄력을 받을 수밖에 없다고 주장했습니다. 특히, 윤석열 정권처럼 무도한 정권이라면 더욱 그러한 경향을 보일 것이라고 봤습니다.

다섯째, 저는 대표님의 강력한 리더십으로 총선을 지휘하고 나갈 때 승리할 수 있다고 했습니다.

마지막으로, 우리가 무조건 승리한다는 신념이 필요하다고 했습니다."

이와 같은 기준으로 22대 총선을 승리, 그것도 압승할 것이라고 예측했다. 총선에서 무엇보다 중요한 것은 구도라고 할 수 있는데 윤석열과 한동훈은 이념 구도로 총선을 접근했다. 대표적인 큰 선거로 대선, 총선, 지방선거가 있는데 그 중 특히 총선을 들어 '구도가 결정하는 선거'라고 한다. 보통의 경우 정권 심판 vs 정권 안정의 단일 구도에서 치러지는 선거였다.

한동훈과 국민의힘은 이조심판론(이재명과 조국 심판론)을 정치 슬로건으로 들고 나왔다. 정권 심판 대 이조심판, 즉 심판을 심판으로 맞불을 놓겠다는 전략이었다. 지금까지 보지 못한 집권 여당의 새로운 초식이었다. 여당의 이점을 충분히 살릴 수 있는 지역 공약, 경제 공약, 맞춤형 공약이 묻히는 선거 전략이었다. 신선함은 커녕 오히려 선거를 민주당의 정권 심판론을 강화시키는 하수 중에 하수 전략이라고 할 수 있다.

지난 2024년 10월 28일 국민의힘이 22대 총선 참패 원인과 책임을 기술한 총선백서를 공개했다. "결과적으로 힘 있는 여당의 이점을 살린 공약 부재로 이조심판론과 같은 다른 정치 이슈가 중심이 돼버리는 등 '공약 없는 선거'로 진행된 것은 집권 여당으로서 굉장히 뼈아픈 실책"이라고 지적할 정도였다.

국민의힘은 이조심판론과 함께 운동권 청산이라는 86심판론으로 정치 전선을 펼쳤다. 집권당이 심판론을 내건다는 것은 정치

초보 수준을 벗어나지 못했다는 것을 말해준다. 윤석열 정권은 2022년 대통령선거에서 문재인 심판론으로 승리의 단맛을 보고, 계속해서 총선에서도 86그룹 심판론을 띄우며 단맛을 보려 했다. 집권당이 수도권, 중도층, 청년층을 공략하는 중도 확장 전략으로 총선을 치렀다면 수도권, 특히 서울에서 민주당은 고전을 면치 못했을 것이다. 총선이 다가올수록 이념 구도로 선거를 치르는 한동훈을 보며 안도의 한숨을 쉬었던 기억이 생생하다. 민주당은 윤석열 정권 들어서 국정의 난맥상을 심판하는 정권 심판 구도를 유지하고 강화하는 것이 최선의 선거 전략이었다.

정권 심판이라는 카드는 윤석열 정권의 실정과 각종 의혹을 유권자에게 확실하게 각인시킬 수 있는 현실적 방안이었다. 그리고 정권 심판 구도를 명확하게 하기 위해서는 지도부가 흔들리지 않아야 하고, 특히 이재명 당대표의 상징성이 필수적이었다. 윤석열 검찰 정권의 압박에 굴하지 않고 당당히 맞서 싸우는 이재명 대표는 검찰 정권 심판의 상징 그 자체였다. 검찰 정권에 대한 비토(veto, 거부권) 적극적 반대층으로 확산되는 추세로 볼 때 총선 승리는 확실했고 압승을 예측했다.

22대 총선 결과 더불어민주당은 175석, 국민의힘은 108석, 조국혁신당 12석을 획득했다. 국민의힘은 역대 집권 여당 사상 최악의 총선 참패를 했다. 역대 총선을 분석하면 일종의 총선 승리 조건이 성립한다. 여당의 경우에는 정권 안정론과 지역발전론으로, 야당은 정권 심판론으로 각각 승부한다. 그리고 여당이든 야당이든 총선을 진두지휘하는 인물이 차기 대선 후보로서 리더십이 강력할수록 총선에서 우위에 설 수 있는 확률이 높다.

2004년 총선에서 집권당인 열린우리당이 과반의 압승을 했다. 당시 열린우리당은 정치 교체와 세대 교체로 정치 전선을 형성하고 공격 지형을 만든 반면, 야당인 한나라당은 이회창이 물러난 상황에서 뚜렷한 차기 대선 후보가 없었고 한나라당 자체가 정치 교체의 대상이 되면서 총선에서 패배했다. 여기에 노무현 대통령에 대한 탄핵 역풍이 확산되면서 민주진보 계열 최초의 단독 과반 의석을 달성하게 된다.

2007년 대선 패배 이후 바로 치러진 2008년 총선은 허니문 기간에 펼쳐진 선거로 한나라당이 대승을 했고, 민주당은 차기 대선 후보뿐만 아니라 지도 체제의 불안정으로 역대 총선 최악의 참패를 당했다. 2012년 총선은 이명박 정권 말기에 치러진 선거로, 정치 구도로 볼 때 정권 심판으로 민주당이 우위에 설 수 있는 조건이 형성됐지만 차기 대선 후보로 새누리당 박근혜가 민주당 차기 대선 후보보다 앞선 상황에서 새누리당이 승리하는 결과를 낳았다. 2016년 총선은 박근혜 정권 임기 후반에 치러진 선거로 정권 심판론이 효과를 거둬 민주당이 승리할 수 있는 조건이 만들어졌다. 그러나 문재인 당대표가 차기 대선 후보로 확실하게 자리 잡지 못하고 당내 분란으로 입지가 흔들리는 가운데 야권이 분열된 상태에서 총선이 치러졌다. 호남 대부분의 의석을 잃었음에도 민주당의 정권 심판론은 수도권 민심을 흔들어 약진할 수 있었다. 그 결과 123 대 122로 한 석 앞섰다. 2020년 21대 총선은 문재인 정권 중간평가 성격으로 야당인 자유한국당은 정권 심판론으로 승부수를 띄웠지만 차기 대선 후보가 부재한 상황에서 역부족으로 대패했다.

지난 2024년 제22대 총선에서 야당은 [정권 심판론 + 이재명 대표(강력한 차기 대선 후보)] 조합으로 총선 승리의 조건을 갖췄다.

여기에 윤석열 정권에 대한 심판론은 유권자의 표를 결집하는 강력한 힘으로 작용했다. 상대적으로 한동훈 국민의힘 비대위원장은 정치 훈련의 미숙과 당내 화합을 이끌지 못하는 분열의 리더십으로 한동훈의 기치 아래 민심을 모을 수 없었다. 더 나아가 앞서 설명한 것처럼 정권 안정론이나 지역발전론이 아닌 이조심판론은 총선 패배에 확실한 쐐기를 박는 효과로 이어졌다.

이재명 對 윤석열:
영수회담의 승부수

2024년 4월 29일, 윤석열 대통령과 이재명 더불어민주당 대표의 영수회담이 용산 대통령실에서 열렸다. 수석대변인으로서 영수회담에 참석했다. 진성준 정책위의장, 천준호 비서실장과 함께했고 대통령실에서 정진석 비서실장, 홍철호 정무수석, 이도운 홍보수석이 자리했다. 2024년 4월 제22대 국회의원 선거에서 더불어민주당이 대승하고 국민의힘이 참패한 가운데 마지못해 떠밀리듯 윤석열 대통령이 제안한 영수회담이었다. 첫 영수회담으로 언론의 관심이 매우 높았고 민주당 내부에서는 무엇을 준비해야 하는지 분주했다. 수석대변인으로서 영수회담에 대한 보고서를 올렸다. 다음은 영수회담 준비 모임에 올린 보고서를 정리한 내용이다.

"윤석열 대통령과 용산이 어떤 스탠스로 영수회담에 임할 것인지, 그리고 윤석열은 영수회담을 통해 어떤 정치적 이득을 노리고 있을지 예측해 정리해봤습니다."

1. 윤석열 대통령은 이재명 대표님의 민생회복지원금에 대해 유연성을 발휘해 새로운 검토안을 내놓을 가능성이 있습니다.
2. 김건희 특검법을 비롯해 이채양명주[1]는 일단 거부할 것을 보이구요. 다만 여야가 협의해 요청한다면 일부 검토하겠다는 입장을 내놓을 것으로 예상됩니다.
 ⇒ 저의 개인적 생각으로는 김건희 특검법을 강하게 밀어붙여야 한다고 봅니다. 대통령과 나라를 위해 특검을 받으라고 강하게 요구해야 합니다. 회담이 끝난 이후에도 우리의 메시지가 명확할 수 있습니다.
3. 민주당에게 총리 임명 협조를 구하며 협치를 제안할 것입니다. 야당에게 총리 협조 요청으로 돌파구를 찾을 것입니다.
 ⇒ 저의 개인적 생각은 협치로써 총리 추천 등 야당에 협조를 요

---

1 '이'태원 참사, 해병대 '채' 상병 사망 사건, 서울-'양'평 고속도로 노선 변경 의혹, 대통령 배우자 김건희 씨의 '명'품 가방 수수 사건, '주'가조작(도이치모터스) 사건

청한다면 대통령의 탈당을 권유해야 합니다. 그래야 대통령의 진정성을 알 수 있습니다.

4. 개헌 논의 검토 가능성도 있습니다.

5. 합의된 의제 없는 회담의 기조는 만남 자체로 국면전환 하려는 것이고요. 여야정협의체 구성을 제안해 후속적인 논의를 위한 정치적 공간으로 남기고 윤석열 대통령이 뒷선으로 빠져나갈 가능성도 있습니다.

6. 윤석열-한동훈 갈등과 국힘 내부의 분위기 잡기 위해 영수회담은 불가피했다고 봅니다.

7. 성과없는 회담으로 끝날 경우 국민지탄 감수해야 해 마지막까지 대통령실이 메시지 고민 중이라고 합니다.

"오늘 영수회담 관련해 기자들 문의 사안입니다."

1. 민생회복지원금 윤통이 수정해 제안하면 받을 것인가?

2. 김건희 특검과 관련해 윤통 앞에서 직접 김건희 이름을 언급할 것인가?

3. 여야정협의체 수용할 것인가?

4. 영수회담 정례화에 대한 입장은 무엇인가?

© 뉴시스

여러 가능성 있는 논의 주제를 중심으로 보고서를 써 영수회담 준비모임에서 보고했다. 특히 천준호 비서실장과 홍철호 정무수석의 실무협의에서 의제에 대한 협의가 제대로 이뤄지지 않는 것을 보고 영수회담은 어떤 성과도 없이 끝날 가능성이 크다고 판단했다. 그래서 이재명 대표에게 "윤석열 대통령의 국정 기조전환은 기대할 수 없습니다. 대표님에 대한 탄압과 야당에 대한 압박, 실정은 계속 이어질 것입니다."라고 말씀드렸다. 이번 영수회담을 대하는 자세와 가장 중요한 핵심 포인트가 무엇인지 영수회담 실무회의에 다음과 같이 보고했다.

첫째로 윤여준 전 장관의 2023년 3월 31일 연합뉴스 인터뷰 〈윤여준 "김영삼, 노태우 대통령에 '내 손에 죽고 싶으냐' 폭언">을 소개했다.[2] 이 인터뷰 내용을 소개하자 회의에 참석했던 의원들이 놀라는 표정이었다. 이번 영수회담에 김영삼 전 대통령의 모델을 참조할 필요가 있었다. 김영삼 전 대통령이 민자당 대표 시절 당시 대통령이었던 노태우에게 찾아가 "내 손에 죽고 싶으냐"는 폭언을 했다는 내용이다.

> "어느 날 저녁 무렵에 김 대표가 청와대의 노 대통령을 찾아왔는데, 고성이 오갔다고 한다. 김 총재는 안기부가 자신을 모략한다고 해서 화가 난 것인데, "내 손에 죽고 싶으냐"는 김 총재의 발언이 문밖에서 들렸다고 한다. 당시 이 말에 분노한 대통령 비서관들이 어떻게 그럴 수 있느냐면서 나(윤여준 전 장관)에게 전해준 이야기다."

윤여준 전 장관의 인터뷰를 인용하며 김영삼 대표의 결기가 필

---

2 윤근영. 2023. "[삶] 윤여준 '김영삼, 노태우 대통령에 '내 손에 죽고 싶으냐' 폭언'." 『연합뉴스』 (3월 31일)

요하다고 말씀드렸다.

김영삼 대표가 노태우 대통령을 사즉생의 각오로 만나 돌파했듯이 이재명 대표도 죽을 각오로 이번 영수회담에 임해야 한다고 조언했다. 윤석열의 통치 스타일은 앞뒤가 다르기 때문에 합리성으로 대화를 해 답을 이끌어내기 어렵고 앞에서 당근책을 내놓지만 반드시 뒤통수를 칠 것이라고 봤다. 윤석열의 성정이 누구의 얘기도 듣지 않는 스타일이기 때문에 더더욱 그럴 것이라고 예상했다.

둘째로 영수회담은 형식이 내용을 지배한다는 말씀을 드렸다.

"보통 영수회담을 보면 회담 시작과 함께 서로 인사를 나누고 간단한 덕담을 나눕니다. 그리고 모두발언을 간단히 하고 비공개로 전환합니다. 회담이 끝난 이후에는 각 대변인이 나와 회담 내용을 브리핑합니다. 언론에서는 그 내용에 대한 진실 공방이 이뤄집니다. 이를 방지하기 위해 이번 영수회담에서는 비공개로 전환하기 전에 대표님께서 모두발언에서 충분히 내용을 담아 대국민 메시지를 전하면 좋겠습니다. 제 개인적으로는 5분에서 7분이면 어떨까 싶습니다."

긴박한 준비 끝에 2024년 4월 29일 오후 2시, 영수회담이 열렸다. 예상대로 서로 인사하고 간단한 덕담이 있었고 본격적인 회담에 들어가기 전 카메라 기자들이 퇴장하려 했다. 바로 그때, 이재명 대표는 "제가 대통령에게 드릴 말을 써 왔습니다"라며 카메라 앞에서 모두발언을 이어 갔다. 안쪽 호주머니에서 원고를 꺼내 17분 동안 국정 기조를 전환해 정치를 복원하고 민생위기 극복과 한반도 평화를 위해 힘써 달라고 단호하면서도 차분하게 읽어 내려 갔다.

이때 이재명 대표가 하나의 승부수를 띄웠다고 생각한다. 김영삼 전 대통령의 직설화법은 아니었다. 하지만 이재명 대표는 강한 사자의 심장과 눈빛으로 윤석열 정권의 실체를 꿰뚫어보고 윤석열 대통령에게 할 말을 다 했다. 이재명 대표는 결기와 품격이 있었으며 힘 있고 단호했다. 순식간에 분위기는 얼어붙었고, 숨이 멎은 듯 조용한 긴장감이 감돌았다. 환호성 없는 격투장, 아레나였다.

윤석열 정권은
유사파시즘 정권입니다

원내수석(2024.5.3.~2025.6.13.)을 하면서 윤석열 정권과 최전선에서 정면으로 맞서 싸웠다. 싸워서 승리하기 위해서는 '지피지기'가 필수다. 그래서 늘 윤석열의 실체는 도대체 무엇인가? 윤석열과 친윤은 어떤 스테이트크래프트(statecraft, 통치 역량)를 구사하는가? 그들은 궁극적으로 어떤 목적을 추구하는가? 윤석열 정권은 어떤 정권인지 규정할 필요가 있었다.

그것은 윤석열 정권에 대해 어떻게 전선을 구축하고 어떤 전략을 세울지 근본이 되는 것이다. 그리고 짧지 않은 고민 끝에 의원총회 자리에서 윤석열 정권은 유사파시즘 정권이라고 명확히 규정했다.

파시즘은 크게 히틀러와 같은 우파파시즘, 스탈린과 같은 좌파 파시즘이 있다. 전체주의 파시즘의 특징은 첫째, 갈라치기를 위한 이데올로기가 존재한다. 둘째, 파시즘 체제를 견고하게 하기 위해 특정 지지 세력을 기반으로 하고 그 세력을 국가동원 체제로 만든다. 셋째, 비밀경찰이나 국가정보기관과 같은 국가권력을 도구화한다. 넷째, 언론을 단순한 프로파간다의 도구로 만들기 위해 언론을 통제한다. 이러한 네 가지 특징이 히틀러, 무솔리니, 스탈린과 군부 독재자들의 보여왔던 공통된 특징이다. 그렇다면 윤석열 정권은 과연 어떠한가? 의원총회에서 다음과 같이 발언을 했다.

"윤석열은 야당뿐만 아니라 정권을 비판하는 언론이나 시민사회에 대해 공산 전체주의 세력이라고 몰아가기 위해 갈라치기 이데올로기를 강조하고 있고요. 윤석열은 극우 유튜버를 동원해 아스팔트 위에 태극기 극우 세력을 줄세우면서 극우 유튜버를 통한 국가동원 체제를 만들었습니다. 또한 검찰권력을 도구화해 폭력적 지배를 정당화하고 있습니다. 또한 방송통신위원장으로 이동관을 임명해 언론 장악에 나서고 있어 유사파시즘 체제와 매우 흡사합니다."

한나 아렌트는 『전체주의의 기원』에서 이데올로기 역할을 이렇게 묘사한다. 아렌트의 표현에 따르면 이데올로기적 사유는 '현실에서 도저히 존재하지 않는 논리적 일관성을 가지며 이를 통해 인간을 경험에서 발을 떼게 만든다'고 봤다.[3] 이데올로기에 사로잡혀 있을수록 사람들은 사실이 아닌, 이데올로기가 강조하는 논리적 과정을 신봉하게 된다. 결국 이데올로기는 인간과 경험을 분리시키며 사실은 더 이상 중요한 역할을 하지 못하게 된다.

윤석열은 현실에서 동떨어진 이데올로기적 사유에 사로잡혀 있었다. 대통령이 된 이후 야당을 협치의 대상으로 대하지 않았다. 도리어 반국가세력으로 몰아세웠다. 윤석열은 2024년 8월 15일 광복절 경축사에서 야당을 향해 반자유세력, 반통일세력, 반국가세력이라고 했다. 그리고 이재명 대표에 대해서는 마치 반국가세력, 범죄단체의 수장 취급을 했다.

이재명 대표에 대한 윤석열의 탄압은 상상을 초월하는 수준이었다. 국정 운영은 뒷전에 두고 정권 내내 정적 죽이기에만 몰두했다. 검찰은 윤석열 대통령과 함께 대선 후보로 경쟁했던 제1야당 대표를 밥 먹듯이 소환했다. 우리 정치사 최초의 일이었다. 대선에서 낙선한 후보를 선거법상 허위사실 공표죄로 기소한 것도 참

---

3 Hannah Arendt 저·박미애 역. 『전체주의의 기원』, 한길사, 2006. 참조

어이없는 일이었다. 그리고 집권 채 반년도 되지 않은 2022년 10월 19일, 국정감사 기간에 제1야당 당사를 압수수색 한 것도 최초의 일이었다.

12.3 비상계엄에 의한 친위쿠데타는 영구집권을 기반으로 완전한 파시즘 체제를 구축하려는 시도였다. 한나 아렌트가 『전체주의의 기원』에서 살아남은 유태인의 증언을 인용하는데 "전체주의 파시즘이 가장 무서운 점을 설명하며, 이미 자신의 삶을 포기해버린 사람들이 스스로 교수대를 향해 아무 생각 없이 무심히 행진하는 모습에서 공포를 느꼈다"고 표현하고 있다.

내란에 대한 탄핵소추 의결, 공수처와 법원의 구속영장 발부에도 윤석열을 추종하는 내란세력은 한남동 관저를 지키기 위해 집회를 이어갔다. 히틀러건 스탈린이건 윤석열이건 파시즘 체제를 기획하고 이를 추종하는 세력이 집단적 움직임을 보이는 것은 민주국가에서 가장 위험하다고 할 수 있는데, 내란 정국에서 한남동 집회는 오늘날 대한민국에 보여진 가장 추한 모습이었다.

12.3 비상계엄은 히틀러가 1923년 독일 뮌헨에서 일으킨 폭동과 유사하다. 나치 돌격대원 600명이 무장 폭동을 했고 그 중심에 히틀러가 있었다. 히틀러의 모델은 이탈리아 무솔리니였다.[4] 히

---

4 Kershaw, Ian 저·홍경탁 역. 『히틀러: 1889~1936 오만』. 을유문화사, 2011. 참조

틀러의 뮌헨폭동 1년 전인 1922년 이탈리아 파시스트 무솔리니는 '검은 셔츠단'을 이끌고 로마로 향해 권력을 잡았다. 히틀러는 나치 돌격대를 이끌고 뮌헨으로, 무솔리니는 검은 셔츠단과 함께 로마로, 윤석열은 군대를 앞세워 여의도 국회의사당으로 진군했다. 다만, 1922년 무솔리니는 성공했고 1923년 히틀러와 12.3 내란은 실패했다는 것이 다르다. 히틀러의 뮌헨폭동과 12.3 내란이 실패한 근본적 이유는 독일의 경찰과 국방군이 히틀러를 지지하지 않았고, 12.3 내란 역시 국민의 지지를 받지 못하고 군과 경찰이 적극적으로 내란에 동조하지 않았기 때문이다.

히틀러는 1923년 폭동 실패 이후 10년이 지나 1933년 권력을 장악하고 나치즘과 인종주의를 결합한 독일식 파시즘 체제를 완성한다. 히틀러는 경제 위기 속에 인종주의를 기반으로 정치적 분열을 가속화시키고, 언론을 장악해 프로파간다 수단으로 활용하고, 강한 지도자 이미지를 구축해 자신의 반대 세력인 공산주의와 유대인을 체제 수호의 적으로 만드는 전략을 구사했다.

윤석열은 극우 유튜버를 동원해 대중을 선동하고, 정치적 반대 세력에 대한 불만을 자극하는 파시즘적 구호로 극우 세력을 결집시켰다. 극우 유튜버와 광화문의 아스팔트 대중집회는 자신의 지지를 결집시키는 선전장이었다. 윤석열은 자신을 지지하고 충성하는 사람과 이익을 공유하고 든든한 뒷배가 되어 주는 방식으로 강한 보스 이미지를 구축했다. 정치인이 아닌 조직의 보스처럼 지지세력 내부에 강한 카리스마 이미지를 형성하고자 했다. 본인의 국정 실패에서 기인한 대한민국의 위기를 민주당과 같은 야당과 시민사회, 더 나아가 이들과 결합된 공산전체주의 세력 때문인 것으로 대중을 호도하고, 이를 제압하기 위해 비상계엄이 불가피했다는 논리까지 이어갔다. 민주당과 그 중심의 이재명을 대한민국 체제의 적으로 규정해 희생양으로 만들어 국민 불만을 극대화시키려 한 것이다.

12.3 내란은 히틀러가 무솔리니의 모델을 따랐던 것처럼 윤석열은 히틀러의 모델을 따랐다고 해도 과언이 아니다. 윤석열의 망상은 히틀러의 망상처럼 실패의 전철을 밟았다. 히틀러의 1923년 뮌헨폭동과 윤석열의 내란은 국민의 지지는 물론 그들 내부 세력에게조차 온전한 지지를 받지 못한 폭동이었다. 바뀐 것이 있다면 히틀러는 나치즘 독재체제 구축 이후 특유의 통치술을 활용해 체제 강화를 꾀했다면 윤석열은 유사파시즘 통치술을 구사하다가 수세에 몰리자 독재, 영구집권을 위한 12.3 내란을 일으켰다는 것이다.

스티븐 레비츠키와 대니엘 지블랫은 『민주주의는 어떻게 무너지는가 How Democracies Die』에서 위험한 정치인을 식별하는 네 가지 경고 신호를 개발했다.[5] 그들이 말한 네 가지는 "말과 행동에서 민주주의 규범을 거부하고, 경쟁자의 존재를 부인하고, 폭력을 묵인하거나 조장하며 언론과 정치 경쟁자의 기본권을 억압하는 것"이다. 윤석열은 국민의 지지를 받아 선출됐지만 대통령이 된 이후 위험한 정치인으로 경고를 받는 정치행위를 이어갔다. 민주주의를 무너뜨리는 장본인이었다.

마키아벨리는 『군주론』에서 "대중의 인기를 잃은 독재자들이 가는 길은 정해져 있다."고 했다. 마키아벨리에 따르면 "독재자들은 강력한 병사들과 함께 요새로 가서 칩거한다. 그리고 요새 성문을 지키는 자는 절대 스스로 열고 나가지 않을 만한, 배신해봐야 상대편에서 환영받지 못할 만한 사람으로 세운다."고 했다. 윤석열은 내란을 일으킨 이후 한남동 관저라는 요새로 들어가 강력한 저항을 했고, 김성훈 경호처 차장과 같이 배신해봐야 민주세력에게 환영받지 못할 인물을 내세워 방어막을 쳤다.

윤석열의 정치는 부패하고 무능했다. 외척세력인 김건희가 발호하고 매관매직이 성행했다. 민생은 점점 어려워졌고, 경기는 악순

---

5 Levitsky, Steven, Daniel Ziblatt 저·이승환·박경서 역. 『민주주의는 어떻게 무너지는가』. 어크로스, 2018.

환되고, 시민들의 주머니는 점점 비워졌다. 외교는 가능성의 예술을 보여주는 것이 아니라 국격 추락을 목도하는 현장에 불과했다. 국내 정책의 아젠다는 제시하지 못하고 의대 정원 2,000명 증가와 같이 대통령의 기분에 따라 정책이 만들어져 나라가 길을 잃고 있었다. 미래를 준비할 인재 양성과 대한민국이 먹고 살 수 있는 미래 정책은 보이지 않았다. 오로지 이념과 갈라치기로 국민 분열만 가속화시켰다. 대한민국 역사상 이런 대통령, 왕조까지 범위를 넓혀도 이런 군주가 있었을까 싶은 정도였다.

　대통령의 자격을 상실한 대통령, 실패한 대통령, 무능한 대통령, 부패한 대통령, 그게 윤석열이다.

윤석열과 명태균의 녹취록 공개

지금도 기억이 생생하다.

2024년 10월 31일, 윤석열 녹취록이 공개됐다. 명태균은 지금도 뉴스의 인물이지만 2024년 10월 당시 각종 뉴스를 장식하며, 명태균의 입을 통해 윤석열과 김건희의 실체가 조금씩 조금씩 벗겨지고 있었다.

2024년 10월 24일, 제6차 국정감사 대책회의에서 '명태균, 혼자 뒤집어쓸 생각인가? 11월 1일 국정감사장에 나와 진실을 밝히라'고 발언했다.

김건희의 공천 개입 의혹이 정국의 핵으로 등장했고 그 핵심 당사자가 '명태균'이었다.

'지난 2022년 대선 과정에서 누가 명태균에게 불법 여론조사를 의뢰했는지? 누구에게 보고했는지? 자금은 누가 마련하는 것인지? 김영선의 공천은 누가 했는지? 지방선거에 어떻게 개입할 수 있었는지?'

모든 사실을 있는 그대로 밝히라고 했다. 최종 선택은 명태균의 몫이었다. 도대체 무슨 이유로 국민의힘의 정치인들이 명태균에게 꼼짝 못하고 조아리고 있는지 궁금했다.

11월 1일 국회 운영위원회 국정감사장에 나와 신묘한 기술이 무엇인지 낱낱이 밝혀주기를 요청했다.

명태균은 윤석열, 김건희와의 관계를 언론에 공개하면서 명태균이 정국을 주도하는 분위기였다. 그러나 윤석열 정권은 서서히 명태균을 옥죄고 있었다.

2024년 10월 29일(화) 제14차 원내대책회의에서 "명태균, 빈 도시락 받은 처지 직시하고 국감장에 나와 진실 밝히고 용서 구하라"라고 모두발언을 했다.

"김건희, 윤석열 부부는 명태균을 버렸습니다. 혼자 책임질 수 있는 일이 아닙니다. 국회에 나와서 진실을 밝히고 용서를 구하십시오. 명태균 씨는 지금 이 상황을 혼자 감당할 수 없습니다. 경선 조작부터 대선 여론 조작, 불법 대가로 이루어진 여당 국회의원 공천까지, 자연인 명태균이 감당할 수 있는 크기의 사안이 아닙니다. 이대로 윤석열 정권의 검찰 수사가 진행되면 명태균 씨 혼자 다 뒤집어쓰고 감옥에 가게 될 것입니다."

명태균의 화법을 유심히 들여다보면 주로 역사적 사례나 일화를 들어 설명하는 방식을 자주 썼다. 그래서 나도 『삼국지』의 한 장면을 빌려 명태균에게 일갈했다. 『삼국지』에 조조가 순욱에게 빈 도시락을 보낸 내용이 나온다.

"명태균 씨가 삼국지를 읽었다면 이 내용을 잘 알 겁니다. 조조의 최후의 책사가 순욱이었습니다. 20년 정도 순욱이 조조를 보좌해왔는데 천하를 바라보는 세계관이 다르다 보니까 마지막에 조

미국 대선의 최고 전략가를 꼽으라고 하면 빌 클린턴 대통령의 재
선에 혁혁한 공을 세운 딕 모리스와 조지 W. 부시 대통령을 당선시
킨 칼 로브를 들 수 있다. 명태균을 칭찬도 하면서 비극적 말로의 길
을 걷지 않도록 미국의 두 전략가를 빗대어 설명했다. 분에 넘치게
명태균을 치켜세운 것은 국정감사장으로 꼭 부르고 싶어서였다.

의 최고 전략가는 칼 로브인데요. 조지 W. 부시 대통령을 만들었던 사람으로 선거 전략으로 핵심 지지층 강화 전략을 썼습니다. 중도강화론 대 핵심 지지층 강화론, 이 두 사람이 확실히 대비됩니다. 딕 모리스는 나중에 민주당이 아닌 공화당을 지지하고 자기의 정치적 일관성을 벗어나면서 비판의 대상이 됐습니다. 칼 로브는 어떤 사람이었냐면 악랄한 선거 네거티브, 비열하고 교활한 정치를 펼쳐 선거에서 네거티브 정치의 대명사로 꼽힙니다. 그러나 정치 스캔들에 얽히면서 칼 로브도 조지 W. 부시 정권으로부터 빈 도시락을 받습니다. 그러면서 자연스럽게 워싱턴을 떠나게 됩니다. 명태균 씨가 지금 이런 처지에 놓인 것 아닙니까?"

조조의 순욱과 부시의 칼 로브는 정치판의 양지에서 주류로서 전략적 모색을 했던 책략가라고 하면, 명태균은 그야말로 누구도 잘 모르는 음지에서 놀던 동네정치의 비주류였다. 그리고 이미 정치적 스캔들이 불거진 상황이었다. 명태균은 윤석열, 김건희 정권을 만드는 데 역할을 했지만 버림받을 수밖에 없는 처지에 놓여 있었다. 김건희, 윤석열 부부는 명태균에게 빈 도시락을 보내지 않을 수 없는 상황이었다.

윤석열, 김건희가 도와줄 거라 생각한다면 명태균은 정치적 유아 수준일 뿐이었다. 윤석열, 김건희 부부는 명태균과 상관없는 일이고 자신들을 끌어들이지 말라고 선을 분명히 긋고 있었다. 다시 한번 명태균에게 11월 1일 국회 운영위원회 국정감사에 나오기를 요청했다.

"지금이라도 늦지 않았습니다. 이번 주 금요일 국회 운영위원회 국정감사장에 나와서 국민 앞에 진실을 밝혀 주기 바랍니다. 증인 선서를 하고 윤석열, 김건희 정권이 어떻게 탄생했는지, 어떤 여론조사가 이루어졌는지 그 진실을 밝히고 국민에게 용서를 구한다면 선처의 여지가 생길 것입니다. 시간이 얼마 남지 않았습니다. 기회를 놓치고 나중에 후회해 봐야 소용없습니다. 명태균 씨는 신중하게 생각하고 행동하기 바랍니다."

명태균이 국정감사장으로 나오는 것은 무위로 돌아갔지만 명태균은 자신이 구속되면 얼마 지나지 않아 윤석열 정권은 무너질 것이라고 호언장담하고 있었다. 명태균이 정국의 핵으로 등장하고 국민 여론이 윤석열 정권에 점점 싸늘해지고 있었다. 하루하루 긴박하게 정치 상황이 전개되고 있었다. 마침내 윤석열, 김건희 부부와 명태균이 대화하는 녹취록 제보가 있었다. 타이밍이 매우 극적이었다.

10월 30일 밤, 노종면 의원이 녹취록을 분석하고 내용을 공유했다. 모든 결정을 하는 박찬대 원내대표는 담대하고도 냉철했다. 노종면 의원은 탁월한 언론인 출신으로 탐사 보도 프로그램을 제작했던 실력이 그대로 드러났다. 윤석열, 김건희의 공천 개입 정황이 그대로 드러나는 팩트, 녹취록을 어떻게 공개할지가 관건이었다. 박찬대 원내대표, 노종면 의원과 함께 논의해 MBC가 보도할 수 있도록 의견을 모았다. 노종면 의원이 원내대변인으로서 언론을 책임지고 추진했다. 현직 대통령인 윤석열의 육성이 그대로 담겨져 그 파장은 매우 클 수밖에 없었다. 밤이 매우 길었다. 거의 잠을 못 잤다.

다음날 10월 31일 오전 7시 30분, 원내대표회의실로 박찬대 원내대표와 김용민 정책수석, 노종면 의원이 모여 윤석열 녹취록 공개와 관련해 비공개 최종 점검을 했다. 노종면 의원으로부터 MBC가 오전 11시 공개한다는 보고를 받았다. 비공개회의를 하는 동안 MBC 화면에 윤석열 녹취록을 공개한다는 자막이 흘러나왔다. 기자들의 전화가 빗발쳤다. MBC가 미리 자막을 내보낸 것이다.

다시 긴급회의가 이어졌다. 매주 목요일은 원내대표와 정책위의 장이 주관하는 정책조정회의를 진행한다. 박찬대 원내대표님에게 제안했다.

"정책조정회의를 취소하고 긴급 기자회견을 열고 박찬대 원내대표님이 직접 발표하셔야 합니다. 이미 언론에 알려졌습니다. 정치는 타이밍입니다. 발표를 늦추면 안 됩니다. 언론에 전면공개하시면 좋겠습니다."

정무적 판단은 이런 긴급한 상황에서 효력을 발휘한다. 박찬대 원내대표가 결정했다. 긴급기자회견을 언론에 공지했다. 드디어 10월 31일, 윤석열과 김건희의 공천 개입과 관련해 윤석열과 명태

© 뉴시스

균의 통화 녹취가 만천하에 공개됐다. 윤석열의 특유한 음성이 생생하게 울려 퍼졌다.

> **윤석열** : 공관위에서 나한테 들고 왔길래 내가 '김영선이 경선 때부터 열심히 뛰었으니까, 그것은 김영선이를 좀 해줘라' 그랬는데 말이 많네, 당에서.
>
> **명태균** : 진짜 평생 은혜 잊지 않겠습니다. 고맙습니다.

윤석열이 국민의힘 공천에 개입했다는 사실이 명명백백하게 확인됐다. 윤석열의 마지막 문장 "말이 많네, 당에서"는 누구도 따라 할 수 없는 독특한 억양과 윤석열의 권위적 화법이 그대로 묻어난다. 아이러니하게도 윤석열은 말이 많은 스타일이었다. 거침없이 쏟아내는 많은 말은 부메랑처럼 돌아와 자기 자신을 옥죄고 있었다.

윤석열의 자멸

　윤석열은 자멸할 것이라고 예상했다. 그 자멸은 구체적으로 어떤 형태로 나타날지 모르지만 스스로 망하는 길로 가고 있다고 생각했다. 2024년 11월 27일, 원내수석으로 민주당을 출입하는 야당반장 일곱 명과 함께 저녁을 하며 정치 현안과 윤석열 정권의 실정에 대해 토의하는 자리가 있었다.

　2024년 12월 3일, 내란의 밤이 발생하기 1주일 전이었다. 이 자리에서 머지않아 "윤석열 정권은 무너질 수밖에 없다. 한마디로 표현하면 자멸한다"고 단정했다. 그리고 이 말이 떨어지기 무섭게 12.3 비상계엄을 하고 내란을 일으켜 결국 자멸했다.

　사태 수습 과정에서 당시 저녁을 함께했던 한 야당반장이 전화해 "선배가 예측한 대로 됐네요."라고 통화했다. 그 당시 왜 윤석열이 자멸할 것이라고 예측했는지, 그리고 그 근거는 무엇인지 기억을 되살려 본다.

권력의 사이클을 보면 큰 순환이 이뤄진다. 그리고 권력의 흥망성쇠를 보면 권력의 사이클과 맞아떨어진다. 증권시장의 주식도 그래프를 보면 비슷하다. 산이 높으면 골도 깊다. 권력도 마찬가지다. 권력의 순환을 나눠 보면 권력투쟁기, 권력장악기, 권력안정기, 권력폭주기, 권력정점기, 권력하락기, 권력폭락기, 권력침체기를 거치게 된다. 이 권력 사이클에서 권력의 폭주기와 권력의 폭락기에 관심을 가질 필요가 있다. 대부분의 민주국가에서는 권력의 안정기를 거쳐 권력의 정점기를 거치고 권력의 하락기에 접어들지만, 독재 정권의 경우 권력의 폭주기를 거치고 반드시 권력의 폭락기로 들어가게 된다.

윤석열 정권은 검찰을 앞세워 권력을 폭주했다. 작용이 있으면 반작용이 뒤따르는 법. 반드시 폭락기를 맞이하게 된다. 윤석열 정권 3년은 경제는 침체됐고, 김건희가 VO로서 권력을 휘두르고 있었다. 남북관계 경색으로 한반도 불안은 심화되고, 이념 갈라치기로 국민 갈등은 극에 달한 상황임에도 이를 수습할 정치력은 보여주지 못하고 있었다. 그래서 권력의 폭락기로 접어들게 된 것이다. 국민이 윤석열에게 반복적으로 요구한 것은 정책실패와 부정부패 의혹에 대해 '사과'하라는 것이었다.

그러나 윤석열과 같은 캐릭터는 스스로 잘못을 인정하지 않고 성찰하지 않기 때문에 오히려 극단적인 국정 운영을 반복할 것이고 종국에는 스스로 국민 신뢰를 무너뜨려 자멸의 길로 갈 것이라고 예측했다. 특히 민주주의는 절차적 과정을 거치고 공론의 장이 펼쳐져야 한다. 윤석열 정권은 1인 지배적인 권력집중 현상이 강하기 때문에 잦은 정책 결정의 오류를 범하게 되고, 소수에게 권력 집중이 심화돼 권력이 군림하는 형태로 나타나게 되어 있다. 이런 권력폭주기의 극단화가 비상계엄으로 이어졌고 내란 쿠데타가 발생해 결국 자멸한 것이다.

아리스토텔레스는 권력이 폭압 정치를 했을 경우 세 가지로 무너진다고 설명했다.[6] "첫째는 지도자의 건강과 생명, 둘째는 내부 분열, 셋째가 시민의 공격인데 내부 분열의 문제가 가장 크다"고 말했다. 그리고 아리스토텔레스의 설명처럼 '윤석열의 폭정은 곧 끝을 볼 것'이라고 예측했다. 그날 야당 반장들에게 했던 말을 옮겨 본다.

---

6 Aristotle 저·천병희 역. 『정치학』. 도서출판 숲, 2012. 참조

아리스토텔레스가 말한 시민의 공격은 12.3 내란의 밤에 시민들은 응원봉을 들고 나온 것으로 증명됐다. 시민들이 자발적으로 목숨을 걸고 군대에 맞서 여의도 국회의사당을 지키고 민주주의를 지켰다. 시민의 공격에 윤석열은 손을 들고 항복할 수밖에 없었다. 아리스토텔레스의 폭정이 무너지는 세 가지를 윤석열이 입증해 줬다. 윤석열의 자멸은 쇼펜하우어의 유명한 격언을 떠올리게 된다.

"복수하지 마라, 썩은 과일은 알아서 떨어진다."

윤석열 정권은 썩은 정권이었다. 정권은 알아서 무너졌다. 자멸했다.

스피치로 본 대선 예측

지난 2022년 20대 대선 캠프에서는 이재명 후보의 대변인으로, 2025년 21대 대선에서는 정무2실장으로 대선의 중심에 있었다. 두 번의 대통령선거에서 선거의 구도와 흐름을 온몸으로 체험할 수 있었다. 선거의 핵심인 인물, 전략, 정책, 메시지, 일정, 홍보, 공보가 어떻게 이뤄지는지 큰 경험을 쌓을 수 있었다. 그리고 아쉬운 성적표를 받아 든 2022년 대선이 끝난 후, 대선 선거 구도와 후보자의 스피치가 어떤 함수관계로 대선의 당락에 영향을 미치는지 분석해, 그해 8월 『스피치의 정치』를 출간했다.

당시 이재명 의원은 전당대회 진행 중임에도 출판기념회를 찾아 "박성준 의원은 정무적 능력과 정책적 능력이 뛰어난 사람이고 스피치 능력도 뛰어남을 이 책에서 보여주고 있다."고 덕담을 건네 줬다. 역대 대통령 후보의 스피치를 유형화하고 스피치가 대통령 당선과 어떤 상관관계가 있는지 분석한 것은 물론 나아가 다음 대통령선거까지 예측했다. 그리고 『스피치의 정치』에서 말한 예측은 2025년 대선에 그대로 적중했다.[7] 이번 장에서는 『스피치의 정치』가 어떤 분석틀을 제시했고, 왜 이재명 후보가 당선에 이르게 됐는지 상호 연관관계를 살펴보고자 한다.

① 스피치 유형

먼저 『스피치의 정치』 내용을 간략히 정리하면 스피치 유형은 크게 설득형, 주장형, 호소형, 선동형 등 네 가지 유형으로 나눌 수 있다. 크게 두 축으로 이성과 감성이라는 한 축이 있고, 또 다른 축은 자기중심과 타자 중심이다. 먼저 이성적 화법의 설득형과 주장형, 감성적 화법의 호소형과 선동형으로 분류할 수 있다. 자기중심적 화법의 주장형과 선동형, 타자 중심적 화법의 설득형과 호소형으로 나눌 수 있다.

'주장형'은 공격적이고 일방적 주장을 펼치고, '선동형'은 청중의 감정선을 폭발시키고, '설득형'은 이성적으로 차분히 설명하고,

---

7 박성준. 『스피치의 정치』. 알파미디어, 2022.

'호소형'은 겸손함을 유지하면서 낮은 자세로 다가간다. 표를 그리면 다음과 같다.

스피치 유형

	이성적 화법	감성적 화법
자기중심적 화법	주장형	선동형
타자 중심적 화법	설득형	호소형

② 21대 대통령 대선 예측

역대 대통령선거를 당선자의 스피치 유형으로 분석하면 하나의 결론을 도출할 수 있다. 유권자가 전임자와 전혀 다른 스피치를 하는 유형을 선택한다는 것이다.

"1987년 민주화 이후 대통령 당선인의 스피치 유형을 보면, 군사정부의 전두환(주장형) 이후 노태우(호소형) - 김영삼(주장형) - 김대중(설득형) - 노무현(선동형) - 이명박(설득형) - 박근혜(주장형) - 문재인(호소형) - 윤석열(주장형)으로 변화하는 과정을 거쳤다."

그래서 2022년 8월에 출간한 『스피치의 정치』에서 21대 대통령 선거에서는 주장형의 윤석열과 전혀 다른 설득형 스피치를 보이는 후보가 당선될 것이라고 예측했다.

"특히 대통령 후보의 스피치를 통해 차기 대선을 미리 예측한다면 전두환의 주장형→노태우의 호소형, 김영삼의 주장형→김대중의 설득형, 박근혜의 주장형→문재인의 호소형을 국민이 선택해온 것처럼, 2027년 대선에서도 윤석열의 주장형과는 다른 설득형 또는 호소형의 특징을 지닌 대통령 후보가 당선될 가능성이 크다.

'설득형과 호소형 중 어느 쪽이 더 경쟁력 있는가?'라고 묻는다면 설득형이 더 경쟁력이 있을 것이라고 답하겠다. 2027년 대선은 1997년 대선과 매우 유사한 방향으로 흘러갈 가능성이 크다고 본다.

1997년 대통령선거 당시 국민은 김영삼 대통령의 주장형과 전혀 다른 김대중 후보의 설득형을 선택했다. 김대중 후보는 정치 현안에 대해 차분히 설명하며 준비된 대통령이라는 인상을 강하게 남겼고 이는 결국 당선으로 이어졌다.

③ 2025년 대통령선거

제21대 대한민국 대통령 선거가 2025년 6월 3일 실시됐다. 대통령 탄핵 사태 이후 실시되는 대선이고, 민주화 이후 최초로 비상계엄과 내란으로 촉발된 대선이다. 헌법재판소가 윤석열 대통령 파면을 선고한 후 60일, 법에 정해진 기한을 꽉 채운 후 치러졌다. 그리고 더불어민주당 이재명 후보는 49.42%를 득표해 당선됐다. 국민의힘 김문수 후보 41.15%를 얻었다. 두 후보 간 격차는 8.27%p로 2,891,874표 차이를 기록했다. 불법과 실정을 저질러 탄핵에 이른 비상상황에서 치러진 선거였음에도 탄핵을 반대하는 세력의 결집을 무시할 수 없었다.

지난 2022년 대선은 사실상 양자구도 속에서 양 진영의 치열한 접전과 결집 끝에 0.73%p라는 근소한 차이로 승부가 난 반면, 2025년의 경우 구도와 공과가 명확했음에도 채 10%p도 차이가 나지 않는 결과가 나왔다. 21대 대통령 선거는 단순한 정권 교체의 의미를 넘어 내란 세력에 대한 심판과 대한민국을 정상화하기 위해 정치적 결정을 하는 선거였다는 측면에서 한국정치사의 새로운 장을 여는 선거였다. 그렇지만 심화된 분열과 상대 진영에 대한 악마화의 정도가 심각한 수준에 이르렀다는 점도 확인할 수 있는 선거였다.

대통령선거에서 승리하기 위한 필요충분조건은 필요조건으로 선거 구도이고 충분조건은 후보자의 역량이라고 할 수 있는 스피치이다. 이런 기준으로 2025년 대선을 진영 내 단일 후보인지 여부에 따른 '필요조건'과 전임 윤석열 대통령의 스피치 유형과 얼마나 차이가 보이는지에 따른 '충분조건'으로 나눠 살펴보고자 한다.

필요조건인 여야의 구도로 볼 때 야당인 더불어민주당은 이재명 후보를 중심으로 단일대오를 형성했고, 여당인 국민의힘은 경선을 통해 선출된 김문수 후보를 모두가 잠든 새벽에 한덕수 후보로 교체하려는 시도를 벌였다. 여기에 국민의힘에서 이탈한 개혁신당의 이준석 후보까지 진영 내 극심한 분열 양상을 보였다.

대선에서 분열은 필패로 이어진다. 국민의힘은 이미 국민에게 내란 정당으로 인식돼 정치적 명분을 잃은 상황에서 극심한 내분까지 겪고 있었다. 반면 더불어민주당은 전혀 분열하지 않은 가운데 이재명 후보가 확고하게 뿌리내리고 대선을 진두지휘했다. 여야의 구도로 볼 때 이미 대통령선거는 기울어진 운동장이었고, 이재명 후보의 승리를 넘어 얼마나 큰 격차를 보일 것인가가 더 큰 관심을 모으는 선거였다.

충분조건은 앞서 언급한 바와 같이 현 대통령과 차별화된 스피치 유형을 보이는 다음 대통령 후보가 대선 승리를 한다는 점이다. 윤석열 대통령은 전형적인 단순 주장형의 스피치로, 다음 대통령은 윤석열과 대비를 이룰 수 있는 설득형 스피치 유형의 후보자가 승리할 수 있다는 것이다. 그리고 2025년 제21대 대통령 선거는 설득형의 이재명, 주장형의 김문수 대결이었다. 윤석열과 차별화하지 못한 국민의힘 후보 김문수는 극우적 발언을 서슴지 않는 단순 주장형의 전형이다. 스피치 측면에서 김문수 후보는 필패 카드였다.

이재명 후보 - 설득형 스피치

이재명 후보는 여러 근거를 들며 차분히 설명하는 전형적인 설득형 스피치를 구사한다. 두괄식이 아닌 미괄식으로 연역법이 아닌 귀납법으로 결론을 이끌어낸다. 이재명 후보는 2017년 선동형 스피치에서 2022년 설득형 스피치로 변화했고, 2025년 대선에서는 당대표 경험과 정치적 훈련을 쌓아 한층 안정된 스피치를 선보였다.

2017년 경선 당시에는 말에 감정이 실렸고 대중과 호흡을 맞춘 사이다 연설의 상징이었다면, 2022년 대선 과정에서는 다크호스를 넘어선 유력 대선 주자로서 기존 스피치 유형에 변화를 주려는 시도를 했다. 2025년 대선에서는 좀 더 유연한 자세와 감정의 기복 없이 어느 사안에 대해서도 국민의 입장에서 하나하나 설명하며 설득해 나갔다. 특히 이재명 후보의 실용주의 정책과 성과중심주의는 이재명의 설득형 스피치로 더욱 빛이 났다.

이재명 후보는 야당의 후보로서 내란 극복, 민생경제 회복, 한반도 평화 등 국정 정상화를 위해 나아가자고 연설했다. 그 이미지는 야당의 후보가 아닌 여당의 후보와 같은 이미지였고 자신감이 표출됐다. 국민의힘과 김문수 후보의 공격에 대해 정치 최전선에서 모든 사안을 자세히 설명하며 대국민 설득에 나서는 모습을 보였다.

이재명 후보는 모든 이슈에 대해 국민에게 충분히 설명해야 한다는 것이 대통령 후보로서 국민에 대한 예의라고 생각했다. 설득형을 조금 더 세부적으로 심화해 분류하면 이슈 설명형이라고 할 수 있는데 사안을 잘 파악하고 있어야 한다. 설득형은 논리적으로 상대를 설득해야만 만족한다. 이재명 후보는 기자회견이나 연설에서 충분한 자료 검토를 통해 자신이 완전하게 내용을 소화할 때 대중 앞에 나선다. 따라서 설득형은 기자회견이나 연설에서 실수가 없다.

설득형 스피치는 감정보다는 이성적으로 말의 속도에 있어 적절한 완급 조절로 인해 말의 톤이 일정하고 강약이 없는 편이다. 이재명 후보는 누구보다 강력한 대통령 후보였지만 강한 언어를 힘주어 말하기보다 정제된 스피치를 선보였다. 감정에 치우친 격정적 모습은 전혀 없었고 안정적으로 이끌었다. 감성적 화법보다는 사안별로 구체적 수치를 들며 이성적 화법을 활용했다. 전형적인 설득형 스피치이다.

김문수 후보의 스피치 - 단순 주장형

김문수 후보는 단순 주장형이다. 스피치의 경우 톤과 억양, 호흡과 말의 속도로 볼 때 전형적으로 주장형이다. 김문수 후보의 경우 톤은 높은 편이고 경상도 특유의 강한 억양을 구사하며, 호흡은 긴호흡이 아닌 짧은 호흡을 보이는데 반해 말의 속도는 느린 편이다.

주장형은 자신의 생각이 언제나 옳다는 확신에서 나오는 스피치이다. 주장형의 가장 큰 특징은 문장이 짧다는 것이다. 타자를 배려하지 않는 단순 주장형 스피치의 경우, 단답형으로 응대한다. 그것은 논리적으로 설명해 설득할 능력이 없다는 것을 의미한다. 길게 설명할 능력이 없다. 상호토론을 통해 데이터를 축적하고, 서로 검증하는 것이 아니라 일단 우기고 보자는 방식을 선택한다. 김문수 후보의 정치적 수사는 공격적 언어로 자신의 주장이 옳다고 막무가내였다. 한 예로 김문수 후보는 부정선거가 있었다고 일방적 주장을 펼쳤다.

국회 기독자유통일당 기자회견(2024.4.29.)에서 "총선에서 부정선거가 있었다.", 유튜브 김문수tv(2024.4) "전자개표기는 외부통신 증거 드러났다", 국민의힘 대선 경선 토론회(2025.4.24.) "이겼다고 해서 부정선거가 없는 것은 아니다.", "부정선거가 있다. 우리나라의 선거 관리가 부실하고, 특히 사전투표 제도는 많은 문제를 가지고 있다.", "부정선거론은 부패한 선관위 탓"이라고 자신의 입장을 고수했다.

부정선거를 주장하는 논리가 얼토당토않고 망령에 불과하지만 상대방 말에 전혀 귀를 기울이지 않는다. 주장형은 자신의 주장을 관철시키려는 승부근성이 강하기 때문에 끝까지 포기하지 않는 경향이 강하다. 토론 과정에서도 핵심적 내용을 어디에 배치할 것인지 두괄식 또는 미괄식, 연역법과 귀납법 등 어떤 방식으로 주장할지 정리가 돼 있지 않았다. 상황에 따라 임기응변으로 대처하며 자기가 하고 싶은 내용을 되풀이하고 일방적 주장을 펼친다. 주장형은 대립각을 세우고 거친 언어와 행동도 서슴지 않는다. 단문적 표현으로 날선 스피치를 보여주고 최전방 공격수로서 거침없는 표현을 쓴다.

이미 시민들은 윤석열의 자기중심적 언어와 수많은 말실수, 그리고 거짓말에 대해 싫증이 나 있는 상태였다. 주장형의 잘못된 왜곡 현상은 자기 실수와 자기 잘못을 인정하지 않고 철저하게 부인하는 전략을 선택한다는 것이다. 또한 책임 회피를 넘어 타인에게 떠넘기기까지 한다. 더 나아가 거짓말로 상황을 모면하려 한다. 윤석열이 그런 모습으로 국민의 신뢰를 잃었는데 김문수 후보는 바로 그 길을 걷고 있었다. 김문수 후보는 지난 대선에서 "한덕수 권한대행이 대선 출마를 도전한다면 5월 10일이 후보자 등록일인 만큼 그 전에 단일화와 통합 작업을 완료할 생각"이라고 밝혔다.

하지만 그 말은 허언에 불과했다. 김문수 후보는 김덕수(김문수+한덕수) 슬로건으로 한덕수와 단일화를 약속했지만, 최종 후보로 선출되고 입장을 선회했다. 단일화에 미온적인 태도를 보였다. 김문수 국민의힘 대선 후보와 한덕수 무소속 대선 후보가 2025년 5월 8일 여의도 국회 강변서재 야외에서 단일화 관련 회동을 했지만 결렬됐다. 한덕수 후보 역시 내란 과정에서 권력에 눈이 멀어 거짓으로 진실을 덮으려 했지만 내란의 주범이었다는 사실이 드러나 수사가 진행 중이다.

한덕수가 대선 후보가 되려는 가장 큰 이유는 대한민국을 위해 나선 것이 아니라 자신의 내란 책임 회피하기 위한 내란 세력의 정치적 술수였다는 사실도 드러나게 됐다. 거짓과 거짓이 연합하고 통합한다는 것은 있을 수 없는 일이다. 당연히 파행의 길을 걷게 된다. 한덕수 후보가 김문수 후보에게 "거짓말을 밥 먹듯이 하는 정치가 도대체 국가와 국민을 위해서 무슨 도움이 되겠느냐"고 공격했지만 이 말은 결국 본인도 자유로울 수 없는 자기고백이나 다름없는 말이었다.

이미 유권자는 윤석열의 화법을 마음속으로 지우고 있는데 그와 유사한 김문수가 나타나 주장형 스피치로 유권자의 마음을 잡는다는 것은 쉽지 않은 싸움을 예고한 것이다. 윤석열의 단순주장

형이 김문수의 단순주장형으로 이어지는 것을 유권자는 받아들일
수 없었다. 이미 후보로 확정되는 순간부터 패배를 시사했다.

2025년 대선 해독법 : 대통령 후보의 스피치

2025년 대통령선거에서 김문수 후보는 윤석열과 매우 흡사한
단순주장형의 스피치를 선보인 반면에 이재명 후보는 윤석열과
완전 차별화하는 설득형 스피치로 대선 승리를 거머쥘 수 있었
다. 2025년 대선에서는 윤석열 대통령과 차별화된, 정치적 노련
함을 갖추고 정책 대안능력을 갖춘 가운데 대국민 설득력이 뛰어
난 후보가 경쟁력이 있을 것으로 예측했다.

스피치의 정치에서 제시했던 스피치를 통한 대선 예측 모델에 따
르면 유권자는 현재의 대통령과 전혀 다른 스피치 유형을 보이는
후보에게 지지를 보내는 경향이 강하게 나타난다는 점을 알 수
있다. 이런 점에서 이재명의 설득형 스피치는 21대 대통령에 당
선될 수 있는 강력한 무기였다.

윤석열과 김종인

지난 20대 대통령선거가 한창이던 2021년 12월 10일, 〈CBS라디오 김현정의 뉴스쇼〉에 출연해 인터뷰를 한 적이 있다. 단연 화두는 대선이었고, 특히 윤석열 후보의 잦은 말실수와 이에 대한 김종인 전 비대위원장의 '써 준 원고만 읽으라'는 충고가 화제가 되는 상황이었다. 그 자리에서 이 상황에 대해 다음과 같이 이야기했다.

"초한지를 보면 항우가 등장하지 않습니까? 항우가 최고의 전략가인 범증이라는 전략가가 등장해요. 범증이 항우에게 늘 얘기합니다. 실수하지 않아야 하고 결단력 있어야 한다. 하지만 항우는 범증의 얘기를 받아들이지 않아요. 그래서 결정적으로 항우와 유방의 싸움에서 항우가 패하는 한 장면이 초한지에 나오는데요. 윤석열 후보와 김종인 전 비대위원장 관계를 생각하게 됐습니다. 서로 신뢰 관계가 있으면 실수라는 표현을 쓰지 않습니다. 서로 믿음이 있으면 실수를 두려워하지 않고 나아가야 된다. 또한 실수하더라도 돌파할 수 있는 유능함이 있고 잘 준비가 돼 있다라고 보통 표현합니다. 지금 김종인 전 위원장이 봤을 때 윤석열 후보에 대한 믿음이 확고하지 않다는 것입니다. 그 '실수'라고 하는 표현 자체가 두 사람간 관계의 신뢰도를 표현하는 하나의 척도라고 해석이 됐습니다."

이 인터뷰 이후 얼마 지나지 않아 윤석열 후보와 김종인 전 비대위원장은 갈라서게 됐다. 이미 신뢰에 금이 간 상태였고 윤석열의 말실수가 완전히 갈라서는 하나의 계기가 됐다. 항우에게 범증이라면 윤석열에게는 김종인이라고 생각했다. 범증이 떠난 후 항우가 몰락한 것처럼 윤석열이 김종인을 쉽게 떠나보내는 것을 보고, 머지않아 내리막길을 걸을 것이라고 예측했다. 역사의 사례에서 항우와 유방을 비교해 설명한다. 유방은 용인술이 돋보였다. 유방이 득천하, 즉 천하를 얻는 이유를 "항우에게는 범증 한 사람뿐이었는데 그마저 기용하지 못했다. 이것이 항우가 내게 붙잡힌 까닭이다."라고 했다.

윤석열은 실패한 항우처럼 김종인을 떠나보내는 용인술의 허점을 드러냈다. 자신이 갖지 못한 부분을 채우고, 넘치면 덜어낼 수 있도록 쓴소리를 해주는 사람이 주변에 있을 때 균형 있는 정치를 할 수 있다. 자기 자신이 다 할 수 있고, 자신의 판단만이 옳다는 독단에 빠지면 주변 사람들은 떠나기 마련이다. 이러한 윤석열의 아집으로 인해 주변의 합리적 보수세력이 점점 떠나고 국민으로부터 지지를 받지 못하는 상황에 몰리자 내란 쿠데타를 저질렀다. 이제 윤석열이 갈 곳은 한남동 관저였다. 한남동 관저는 윤석열의 요새로 진지전을 펼쳤다.

2024년 12월 20일 〈SBS라디오 김태현의 정치쇼〉에 출연해 인터뷰를 했다.

"마키아벨리 이야기를 하는데요. 미움받지 않는 것이 되게 중요한데요. 미움받기 시작하면 어디로 들어가냐 하면 요새로 들어갑니다. 국민으로부터 미움을 받고, 질타를 받고 손가락질을 받는 윤석열 대통령이 어디에 들어가 있습니까? 한남동 관저 요새

마키아벨리는 군주론에서 "대중으로부터 인기를 잃은 독재자들이 가는 길은 정해져 있다. 그 독재자들은 요새로 가서 칩거한다."고 갈파했다. 윤석열의 마지막은 한남동 요새를 선택했다. 미움받는 지도자는 고립되고, 그가 갈 곳은 요새밖에 없다는 것을 윤석열이 증명해줬다. 기세가 꺾이면 살아날 길이 없다. 전조현상은 주변의 사람을 잘 못 쓸 때 서서히 잠식된다.

정치는 주변에 사람이 많을 때 기세가 형성된다. 그리고 그 기세를 만들어가는 사람들이 주도 세력이다. 용인술은 기세를 만드는 가장 좋은 방법이다. 윤석열은 단 한 번의 승부로 '별의 순간'을 잡았지만, 김종인의 사례처럼 주변 사람이 하나둘씩 떠나는 한계가 노출됐다. 주변에 시대를 함께할 사람이 없다 보니 기세는 점점 꺾였다.

지난 윤석열 탄핵 국면에서 박찬대 원내대표와 함께 김종인 전 국민의힘 비대위원장과 만나 저녁을 함께했다. 윤석열을 가까이서 지켜봤던 김종인의 눈을 통해 탄핵 국면을 어떻게 바라보고 있고, 우리는 무엇을 준비해야 하는지 조언을 듣고 싶어 마련된 자리였다. 관련 내용을 몇 가지 정리해 이재명 대표에게도 보고했다. 간단히 정리한 내용은 다음과 같다.

1. 윤석열이 탄핵으로 파면돼 조기 대선으로 간다면 이재명 대표의 승리는 무난하다고 본다. 그게 상식이다.

2. 국민의힘은 비상계엄 이후 근본적 변화가 없다. 권영세와 권성동이 비상계엄을 찬성하고 있어 희망이 없다.

3. 윤석열은 무엇 하나 제대로 보여주지 못한 무능한 대통령이었다.

4. 일반적 정치 상식으로 정권 교체 가능성이 매우 높다.

5. 이재명 '중도보수' 방향 제시는 시의적절하다. 한국의 정당은 기본적으로 중도보수 정당이다.

6. 대선 이후를 준비해야 한다. 특히 총리와 부총리 등 주요 장관은 미리 선택해 대선을 함께 뛰고 바로 대통령 취임과 더불어 내각이 바로 구성될 수 있어야 한다.

7. 경제가 우선이다. 중국이 제조 25년을 준비해 성공했다. 우리도 중소 제조업이 활성화될 수 있도록 해야 한다. 그래야 일자

리가 생긴다.

8. 의대 정원 문제는 새 정부 출범 이후 가장 먼저 해결해야 한다.

9. 지금의 위기는 한국이 다시 한번 변화해 도약할 수 있는 계기다. 비상계엄이 성공하지 못한 것은 하늘이 도와준 것이다.

정치 한복판에 있다 보면 그 속에서 헤맬 때도 있다. 객관적인 타자의 눈으로 정확한 상황 인식을 해야 한다. 우리 편이 아닌 제3자의 혜안이 필요할 때가 있다. 윤석열 탄핵 국면은 내란 세력의 저항으로 혼돈의 시기였다. 김종인은 어떤 시각으로 인식하고 있는지 듣고 싶었다. 국민의힘이 변하지 않는다는 점과 윤석열의 무능을 다시 한번 확인했고, 이재명 대표의 중도보수 전략과 앞으로 해결해야 할 과제를 정리할 수 있는 기회였다.

3장

윤석열 정권에 대한 정무적 판단

윤석열:
대통령의 자격을 묻다

대통령뿐만 아니라 정치 지도자는 어떤 덕목을 갖춰야 할까? 자격의 기준으로 여러 항목을 나열할 수 있지만 한 편의 영화에서 답을 찾을 수 있지 않을까 한다. 영화 〈혹성탈출: 새로운 시대〉를 보면 진정한 리더는 품위와 도덕성, 강인함과 연민을 갖출 때 참된 지도자가 될 수 있다는 대사가 나온다. 윤석열 개인이 가진 도드라진 특성을 이 네 가지 기준에 맞춰 과연 리더, 대통령의 자격이 있는지 살펴보자.

먼저 윤석열은 품위와는 거리가 먼 사람이었다. 선거 과정에서 사람이 앉아야 할 기차 좌석에 신발 신은 발을 올리는 장면은 누구나 기억하고 있을 것이다. 거친 언사와 표정, 특유의 애티튜드에서 품위는 결코 찾아볼 수 없었다. 두 번째로 도덕성 문제를 살펴보면, 지금도 끊임없이 나오는 비리와 부패 의혹이 좋은 답이 될 수 있을 것이다. 처가 비리부터 비선 논란, 주술 연관 의혹까지 최소한의 도덕인 법조차 지킬 생각이 없는 사람이었다. 세 번째로 강인함에 대해서는 판단이 나뉠 수 있겠다. 검찰 출신으로 칼을 마음껏 휘두르며 보여줬던 모습을 누군가는 강인함으로 볼 수 있겠지만 이는 개인의 강인함이 아닌 검찰이라는 가면이 주는 강력함이라고 볼 수도 있기 때문이다.

마지막으로 윤석열은 자신보다 약한 사람을 불쌍하고 가엾게 여기기보다는 잔인하게 짓밟고 무시하는 모습을 보여왔다. 이태원 참사 유가족을 대하는 윤석열의 모습으로 충분히 설명할 수 있지 않을까. 이 네 가지 기준으로 볼 때, 윤석열은 과연 대통령으로서 자격이 있었는가? 되묻지 않을 수 없다. 이미 자격 상실이다.

윤석열은 대통령으로서 품위를 잃고, 도덕적으로 타락하고, 부드러움이 아닌 강인함으로 부러지고, 강인함에 브레이크가 없어 더 잔인해져 국민의 마음에 다가가지 못하고 자격을 스스로 박탈하고 말았다. 윤석열은 지난 대선에서 대단한 쇼맨십으로 유권자의 마음을 사로잡았지만 대통령으로서 민심을 왜곡해 기만으로 군림하려 했다.

대통령은 타고나는 것이 아니라 스스로 거듭나는 것이고, 명령하는 것이 아니라 민심을 겸허히 수용해 앞에서 이끌어 가는 자리이다. 그래서 대통령을 영어로 president라고 한다. 리더는 힘도 있지만 지혜도 필요하고, 담대함도 있어야 하지만 배려심도 있어야 한다. 그러나 윤석열은 그렇지 못했다. 특히 윤석열의 힘과 강인함은 포지티브로 승화시키면 부드러움을 통해 연민과 포용, 통합으로 나아갈 수 있지만, 힘과 강인함이 오로지 자신만을 위한 네거티브로 간다면 잔인과 배척, 분열로 왜곡될 수 밖에 없다. 윤석열의 힘과 강인함은 부러졌다. 윤석열의 미래는 예고된 비극이었다.

윤석열과 술:
술독에 빠져 길을 잃다

윤석열은 정치적으로 전혀 훈련이 되지 않은 상태로 대통령이 됐다. 대통령이 되기만을 원했지 대통령이 된 이후 무엇을 할 것인지 전혀 보여주지 못했다. 단적인 예로 윤석열은 술독에 빠진 습관 그대로 대통령을 이어갔다. 검찰에서의 술버릇을 벗어나지 못하고 대통령이 됐지만 흥청망청했다.

피에르 부르디외(Pierre Bourdieu) '아비투스(habitus)'로 사회현상을 설명한다. 아비투스는 사회적 경험과 교육, 가정환경 등을 통해 개인 속에 내면화된 지속적 성향, 사고방식, 행동 양식의 체계를 말한다. 사회적 조건이 개인에게 각인되어 형성된 무의식적 습성이 한 사람의 취향·태도·판단·행동 양식을 규정한다는 것이다. 즉, 어려서부터 형성된 행동 양식과 사고체계가 성인이 되어도 자연스럽게 비슷한 취향과 행동 양식을 갖게 된다는 것인데, 윤석열은 검찰에서의 술버릇이 아비투스가 되어 대통령이 되어서도 결국 술에 혼미해진 사람이 돼버렸다.

서경이라는 고전을 보면 "우리는 문왕의 가르침을 따라 술에 빠지지 않았으므로 지금은 나라를 대신해 천명을 받을 수 있었다."라고 서술하고 있다.[8] 술에 빠져 국정을 소홀히 한다면 나라는 결국 무너지고, 술에 빠지지 않은 새로운 집권 세력이 백성을 돌볼 수 있는 천명을 받게 된다는 것이다. 민심이 돌아섰는데도 권력이 계속 유지된 경우는 동서고금을 통틀어 존재한 적이 없다. 다만 망하기까지의 시간만이 문제였을 뿐이었다. 백성이 등을 돌린 나라치고 망하지 않은 경우는 없다.

통치자와 술과 관련된 일화는 꽤 언급되고 있다. 춘추오패의 제왕이었던 제환공도 술을 좋아했다고 한다. 제환공은 자주 술잔을 기울였고 밤늦게까지 이어졌다고 한다. 제환공의 책사인 관중은 제환공이 낮부터 시작해 촛불을 밝히며 술을 마시자고 했을 때 궁으로 돌아가 정사를 살피도록 간언했다. 나랏일을 태만하게 하면 때를 놓치게 되고, 나라의 대소사에 해이해지면 후대에 이름을

---

8 유교문화연구소 역, 서경, 성균관대학교출판부, 2012. 참조

남기지 못하게 때문에 어찌 술에 빠질 수 있겠냐고? 간곡히 요청 드렸다. 제환공은 관중의 충고를 받아들였다. 나라의 업적을 만드는 제왕에게 국정이 우선이지 술이 우선일 수 없었다.

조선의 세조에게 술자리는 하나의 정치 행위였고 정치적 목적을 달성하기 위한 도구였다. 세조는 술자리 정치, 즉 주석정치(酒席政治)를 했다. 세조는 애주가로서 술을 많이 마셨고, 횟수도 꽤 많았다고 한다. 세조에게 술자리는 통치 행위로 삼아 신하들을 줄을 세우기도 하고, 충성이 있는지 없는지 테스트 하는 자리이기도 하고, 국정을 논하는 자리이기도 했다.

세조는 쿠데타로 집권했기 때문에 정통성에 대한 불안이 작용했고, 신하들을 자신의 세력으로 끌어들이기 위한 하나의 방편으로 술자리를 마련했다. 술자리가 신하들에 대한 유화책으로 마련됐지만 술자리에서 신하들의 마음을 읽고, 자신과 뜻을 같이하는 신하가 아니면 과감히 제거하는 자리가 됐다. 세조는 술자리에서 왕권강화를 위해 강온 양면 전략을 구사했고, 술자리를 자신의 입지를 확고히 하는 방편으로 삼았다.

조선의 정조 역시 술자리 정치를 통해 자신의 정치 위상을 확립했다. 술자리는 통치 행위의 연장였다, 정조는 신하들과 술자리에서 '불취무귀'(不醉無歸), 즉 '취하지 않으면 집에 못 간다'고 말하기도 했다. 정조의 주석정치는 신하들과 국정을 논하는 자리였다. 국정에 대한 깊이 있는 이해로 신하들과 어떤 논쟁에서도 우위에 있었고, 자신의 정치적 입지를 확고히 구축하는 자리였다. 아무리 취해도 다음 날 아침 일찍 나와 나랏일을 살폈다.

한비자는 "군주에게 권세가 있다는 것은 마치 한 자밖에 안 되는 나무라도 높은 산 위에 서 있으면 천 길의 계곡을 내려다볼 수 있는 것과 같은 이치다."라고 했다. 왕이라는 지위는 만백성을 다스릴 수 있는 권좌이다. 제환공, 세조, 정조는 왕의 지위에서 누리기 위해 단순히 술만 마시는 것이 아니라, 통치 행위로써 권한을 행사했다. 술자리는 토론과 공론의 장이었고, 술을 마셔도 다음 날 조정에 일찍 나가 다시 국정을 살폈던 것이다.

윤석열은 술자리를 누리고 자신의 몸을 가누지 못해 비틀거리고, 다른 사람이 부축해야만 일어날 수 있었다고 한다. 윤석열과 검찰에 있었던 국민의힘 모 의원은 "윤석열이 검사 당시에도 술을 먹고 일어나지 못해 3~4명이 부축해 집에 돌려보냈다고 하고, 대통령이 돼서는 더 심해졌다."고 전해줬다. 윤석열의 술자리는 주석정치가 아니라 주지육림의 정치였다. 아침에 제시간에 출근하지 못하는 그 자체로 윤석열은 국민의 신뢰를 잃고 다시 일어설 수 없는 지경에 이르렀던 것이다.

윤석열의 격노:
국민의 격노를 부르다

2024년 윤석열 정권 집권 3년차는 한마디로 표현하면 '총체적 무능'이었다. 국민 안전, 민생경제, 민주주의, 한반도 평화가 위기에 빠졌고 헌정질서마저 위험에 처했다. 윤석열 정권이 들어선 이후 대한민국이 얼마나 추락하고 대한민국이 얼마나 총체적 위기에 빠졌는지 가늠하기 어려울 정도였다. 정치, 경제, 사회, 문화 등 모든 분야에서 헛발질이 드러났다. 무능하면서도 자신에게는 책임이 없다는 듯이 대통령이 격노하고 있다는 언론 보도가 이어졌다.

2023년 9월 4일, 정무위원회 현안 질의에서 대통령이 격노할 일이 윤석열 정부에서 벌어지고 있다는 것도 문제지만, 격노한 사실이 외부로 알려진다는 것 자체가 국정 운영이 원활하지 않다는

것을 보여주고 있고, 나아가 대통령의 리더십이 흔들릴 수 있다고
지적했다.

> **박성준 위원**: 윤석열 대통령이 화를 냈다, 진노했다라는 뉴스가
> 나오는 것이 좋지 않다.
>
> **국무조정실장 방기선**: 지금 언론에서, 말씀하신 격노했다라든
> 가 이런 부분은 사실로 확인된 것은 아니고요. 제가 그걸 평가할
> 자리에 있는 건 아닌 것 같습니다.

윤석열 정부 인사들은 윤석열의 격노를 부인했지만 '격노'했다
는 뉴스는 끊이지 않았다. 감정적 분노 조절의 실패인 '격노'는 윤
석열의 트레이드 마크가 됐다. 언론에 격노 뉴스가 난 이후 얼마
지나지 않아 정치적 숙청이 뒤따랐다.

국민의힘 대표였던 이준석과 김기현, 한동훈이 날아갔다. 의대
정원 2,000명 증원이나 만 5세 이하 초등학교 입학처럼 국가 백년
지계와 같은 중대 사안에 대해서도 자신의 뜻과 맞지 않으면 격노
했다는 뉴스가 어김없이 등장했다. 화물연대에 대해서도 대통령

의 격노 이후 진압조치가 이어졌다. 특히, 故 채모 해병 순직 사건을 수사하는 과정에서 'VIP 격노설'은 수사 외압 의혹으로까지 이어졌다. 보고를 받은 윤석열 대통령이 격노했고, 수사 지휘·이첩·처리에 영향을 미쳤다는 것이다. 윤석열의 격노 이후 피해자가 가해자로 바뀌었고 박정훈 대령은 억울한 누명을 쓰게 됐다. 그리고 이는 국민적 저항으로까지 이어졌다.

윤석열의 격노는 박정훈 대령을 피고인으로 만드는 결정적 계기가 됐다는 의혹이 불거져 채해병특검에서 조사를 했다. 개인 캐릭터로서 윤석열의 격노는 시스템이 아닌 일인지배에 의해 즉흥적, 감정적으로 의사결정이 이뤄지고 있다는 것을 여실히 보여줬다. 윤석열의 격노는 합리적 이성이 작동하지 않는다는 것을 입증한다. 격노는 자의적으로 권력을 행사한다는 점과 개인의 감정에 통치가 이뤄진다는 점으로 볼 때 독재로 갈 수 있는 위험 신호이다. 그리고 대통령의 격노는 공직사회에 무언의 압박으로 작용해 대통령의 뜻과 의중이 무엇인지만을 고려해 맞추려는 잘못된 행태로 이어지기 마련이다. 대통령의 뜻만 살피면 되기 때문에 부당한 명령에도 따를 수밖에 없었다는 상투적 변명을 낳게 된다. 대통령의 의중대로 일이 흘러갈 수 밖에 없고 대통령의 기분과 방향에 따라 주요 정책이 좌우될 수밖에 없다.

이러한 윤석열의 격노는 윤석열 정권이 슬로건으로 내세운 공정과 상식과 거리가 멀었다. 도대체 윤석열 정권은 무슨 정부로 불러야 마땅한지 방기선 국무조정실장에게 질의했다.

박성준 위원: 방기선 국무조정실장께 질의 드리겠습니다. 역대 정부를 보면, 권위주의 정부가 끝나고 김대중 대통령은 국민의 정부, 노무현 대통령은 참여 정부라고 했는데요. 윤석열 정부는 어떤 정부로 칭하면 맞겠습니까? 지금 윤석열 대통령이 공정과 상식을 얘기하잖아요. 추후에 공정과 상식 정부로 역사가 평가할지는 좀 지켜봐야 될 것 같습니다. 과거에 전두환 대통령이 정의 사회 구현, 이명박 정부는 2010년도에 지방선거 패하면서 공정사회라는 슬로건을 내세웠습니다. 과연 윤석열 정부의 공정과 상식이 국민에 부합하는지 한번 지켜봐야 될 것 같고요. 윤석열 정부는 저는 개인적으로 볼 때 공포 정부 같아요. 윤석열 정부는 역사적으로 어떤 평가를 받을 것인지에 대해서 진지하게 되돌아보시기 바랍니다. 과거 권위주의 군사 정부는 통치 수단으로 비밀경찰이었는데요. 윤석열 정부는 국민이 바라볼 때 검찰 수사에 의한 공포정치로 규정하면 맞지 않을까 싶어요.

각 정부는 국정 철학과 국정 슬로건이 있다. 전두환 정권은 정의사회 구현을, 이명박 정권은 공정사회를 외쳤지만 전두환 정권은 쿠데타로 집권한 불의한 정권이었고, 이명박 정권은 부정부패로 사익을 취한 불공정 정권이었다. 그리고 윤석열 정권은 공정과 상식을 내걸었지만 불공정과 비상식으로 점철됐다. 윤석열 정권은 검찰 정권으로 조작, 기획수사를 통한 폭력적 지배로 공포정치를 이어갔다. 이러한 불공정과 비상식 그리고 공포정치의 근저에는 윤석열의 격노라는 감정이 있었다. 윤석열은 결국 분노 조절을 못하고 감정적 격정에 치우는 격노 정부를 상징한다. '격노'했다는 사실이 정부 안에서 걸러지지 않고 언론에 보도되고 격노를 오히려 자랑하는 정부는 국민의 신뢰를 잃을 수밖에 없다.

윤석열이 손바닥에 왕(王)을 쓰고 나오는 비이성적 정치 행위는 봉건적 사고를 드러내는 것으로 자신이 왕(王)이라는 인식에 기반할 수 있다. 왕(王)을 쓰고 나오고 시시때때로 격노를 일삼는 행위는 민주주의와 전혀 맞지 않는 행태였지만 이것이 국가의 위험으로 이어질 수 있다는 경계심조차 없었다. 격노는 민주주의 시스템의 붕괴로 독재로 이어질 수 있다는 예고였다. 그리고 종국에는 윤석열의 격노가 국민의 격노를 일으켰다. 윤석열이 화를 주체하지 못하고 내란을 일으켜 독재와 영구집권을 시도하자, 온

국민은 윤석열을 향해 격렬하게 화를 표출하기 시작했다. '격노
(激怒)', 격렬하게 화를 낸다는 뜻이다. 결국 윤석열은 국민의 격
노로 탄핵됐다.

윤석열의 허언:
처칠과 애틀리

윤석열은 대통령이 된 이후 2022년 5월 16일, 국회에서 첫 시정연설을 한다. 추경예산과 관련해 시정연설을 하기 위해 처음 국회 본회의장 단상에 올라 역동적인 모습으로 비전을 제시했다. 윤석열은 연설에서 '처칠과 애틀리'를 언급하며 "진영이나 정파를 초월한 초당적 협력"을 약속해 큰 기대를 받았다.

윤석열은 "제2차 세계대전이라는 절체절명의 위기 상황에서 영국 보수당과 노동당은 전시 연립내각을 구성하고 국가가 가진 모든 역량을 총동원해 위기에서 나라를 구했다."면서 "지금 대한민국에는 각자 지향하는 정치적 가치는 다르지만 공동의 위기를 극복하기 위해 기꺼이 손을 잡았던 처칠과 애틀리의 파트너십이 그 어느 때보다 필요하다"고 말했다.

윈스턴 처칠은 보수당이었고 클레멘트 애틀리는 노동당으로, 정치적으로 반대 세력이지만 초당적으로 협치를 이뤘다. 처칠은 총리로, 애틀리는 부총리로 제2차 세계대전이 발발해 영국이 위기에 처하자 연립내각을 구성했다. 영화 〈Darkest Hour〉는 1940년 5월 10일 윈스턴 처칠이 총리로 취임하는 당시 상황을 자세하게 묘사한다. 독일의 침공으로 유럽 전선이 무너지고 영국의 내각은 위기상황에 대한 대처를 놓고 흔들리고 또 흔들린다. 영국 보수당 내 정치는 여전히 혼란의 연속이었다. 유약한 네빌 체임벌린은 총리에서 사임했지만, 처칠의 정치적 반대파로서 처칠이 수상이 되는 것을 반대했다.

네빌 체임벌린 전 총리는 독일과의 협상을 고수하며 처칠을 압박했다. 처칠은 모두가 협상을 외칠 때 타협은 없다며 소신을 굽히지 않았다. 결국 끝까지 싸워 이기겠다는 처칠은 총리에 취임하고 보수당과 노동당의 전시 내각(war cabinet)을 구성한다. 노동당의 애틀리는 전시 상황에서 실용적 협력을 하고 중재자 역할을 했다. 1942년에는 부총리를 맡아 전시 국정운영을 함께했다. 처칠과 애틀리는 전쟁의 위기 속에 손을 잡고 내부 단결을 이뤄 독일의 침공에 맞서고 영국을 지켜냈다. 나치의 파시즘 공격에 처칠과 애틀리는 자신의 정치적 이념을 전면에 드러내지 않고 협치를 이뤘다.

2022년 대선에서 0.73%p라는 미미한 차이로 당선된 윤석열은 당시의 민심을 받아들여 야당을 정치적 파트너로 인정하고 '협치'하겠다는 것을 강조했다. 의원석에 앉아 있던 나로서는 매우 마음에 다가오는 강력한 메시지였다. '처칠과 애틀리를 인용하다니…… 기대해도 될까?'라는 막연한 희망감이 밀려들었다.

'처칠이 전시라는 절박한 상황에서 정치적 결단을 내린 것을 윤석열이 이해하고 과감한 결단을 내리겠다는 것인가? 초당적 협력을 이끌겠다는 것인가?' 그러나 이런 기대는 곧 물거품이 됐다.

윤석열의 시정연설 다음 날인 2022년 5월 17일, 기획재정위원회를 열고 2022년도 제2회 추경예산안에 대한 현안 질의가 있었다. 당시 기재위원으로서 추경호 부총리 겸 기획재정부장관에게 다음과 같이 질의했다.

박성준 위원: 서울 중구성동구을의 박성준 위원입니다. 장관님, '민생안정이 그 어느 때보다 중요하다. 그래서 추경이 필요하다. 빠른 시일 내에 추경이 확정될 수 있도록 국회가 협력해 주기를 바란다', 어제 윤석열 대통령의 시정연설이었지요? 그러면서 처칠과 애틀리의 전시 연립내각을 얘기했습니다. 처칠과 애틀리는

어떤 관계입니까, 장관님?

부총리 겸 기획재정부장관 추경호: 질문 계속해 주시지요.

박성준 위원: 처칠은 보수당이었고요 애틀리는 노동당이었습니다. 우리가 얘기하는 전시 연립내각이라는 것은 거국내각을 말하는 것이지요. 국가 위기상황에서 자기 당의 의원들만 장관을 시키는 것이 아니라 초당적 협력을 통해서 거국내각을 구성하는 겁니다. 그러면 보수당과 노동당의 정책적 방향이 다르지만 노동당의 애틀리를 부총리로 임명했다는 것은 결국 국가 위기를 극복하고자 하는 의지의 발현이고요, 화합과 통합의 의미를 담는 것입니다. 지금까지 윤석열 대통령이 그런 모습을 보였습니까? 장관님은 어떻게 생각하세요? 말로만이 아니라 실제 했습니까?

부총리 겸 기획재정부장관 추경호: 그렇게 하시려고 굉장히 애를 쓰고 계십니다.

박성준 위원: 그러면 초기 내각 구성에 있어서 야당에게 협조를 구했어야 합니다. 그렇게 생각하지 않으십니까? 추경예산과 관련해서도 야당의 지도부에게 손을 내밀어서 '이렇게 추경예산을 편성한다. 도와달라' 요청하고 전화하고 만나고 하는 것이 당연한 것 아니겠어요? 시정연설문을 보면 진정성이 보이지 않는 거예요. 거국내각, 전시 연립내각, 말로만 하는 것이지요.

윤석열의 시정연설은 연설을 위한 연설로써의 정치적 수사에 불과하다는 것이 바로 드러났다. 머지않아 야당을 공산 전체주의 세력으로 매도하며 제거의 대상으로 규정하고 검찰의 압수수색이 들이닥쳤다. 윤석열은 처칠과 애틀리의 연합내각이 무엇인지 이해도 못하고 비서관이 써준 글만 읽었을 뿐이다.

처칠이 어둠의 시대를 끊고 나라를 구할 수 있는 힘 있는 지도자였다면, 윤석열은 검찰의 힘만 믿고 나라를 어둠으로 몰고 갔다. 그러나 당시에는 일말의 기대감이 있었기에 현안 질의를 계속 이어가며 추경호 장관에게 1940년대 영국 상황을 좀 연구하고 윤석열 대통령에게 제안해 보기를 요청했다.

박성준 위원: 우리가 너무나 잘 알고 있는 내용인데요, 제2차 세계대전 당시 1942년도에 노동당이 보고서를 냅니다. 교과서에 나오는 내용인데 '요람에서 무덤까지'라고 하는 베버리지 보고서입니다. 노동당이 제2차 세계대전 당시 전쟁 중에 '요람에서 무덤까지' 최고의 복지정책을 제안합니다. 처칠과 애틀리의 보수·노동당의 연립내각에서 실질적인 내용이 합의를 이루는 겁니다. 제2차 세계대전이 끝나고 1945년도에 영국은 누가 집권하는지 아세요?

제2차 세계대전 당시의 주인공은 처칠이었지만 1945년도 총선에서 노동당의 애틀리가 승리해 총리가 됩니다. 애틀리 내각이 사회보장제도를 확립하고 영국이 안정화됩니다. 이것 알고 계셨어요?

부총리 겸 기획재정부장관 추경호: 예.

박성준 위원: 이 내용을 대통령에게 알려 주세요. 제가 볼 때는 대통령이 모르고 쓰고 얘기한 것 같습니다. 어떻게 생각하세요?

부총리 겸 기획재정부장관 추경호: 기본적으로 그런 역사 인식을 갖고 어제 말씀하신 것 같은…….

박성준 위원: 말로만이 아니라, 글만이 아니라 야당 지도부에게 손을 내밀고 정말로 이 내각의 구성에 협조가 필요하다고 하면 주요 인사를 추천 받아야 되는 겁니다. 그것이 처칠과 애틀리가 보여 줬던 전시 연립내각, 거국내각의 모습입니다. 윤석열 대통령이 가야 할 방향이 아니겠느냐, 이렇게 말씀드려 주세요. 말로만 해서는 안 된다는 겁니다. 그 말씀을 좀 장관님께서 얘기해 주시기 바라겠습니다.

이 질의 내용이 무색하게 윤석열은 대한민국을 'Darkest Hour'로 만들고 있었다.

윤석열과 김건희:
맥베스와 레이디 맥베스

윤석열이 무속과 가깝다는 이야기는 대선 과정은 물론 대통령이 된 이후에도 정치권에서 돌았다. 일본의 전국시대를 통일한 오다 노부나가는 자신의 운명을 개척하면서도 그 운명에 순응할 수밖에 없었다.

넷플릭스의 '사무라이 시대'라는 6부작 다큐멘터리를 보면 오다 노부나가를 격노하는 잔인한 인물로 묘사하고 있다. 학자들의 증언을 통해 오다 노부나가의 성정을 잘 설명하고 있다. 오다 노부나가는 미래에 대해 늘 궁금해했지만 무슨 일이 일어날지는 아무도 알 수 없는 것이다.

오다 노부나가는 자신의 최측근이었던 아케치 미츠히데(明智光

秀)의 쿠데타에 의해 교토의 혼노지(本能寺)에서 최후를 맞이한다. 혼노지의 변(本能寺の変)으로 일컬어지는 이 사건은 "적은 혼노지에 있다."는 말의 유래가 된다. 오다 노부나가는 자신의 최후가 이렇게 끝날 것을 예상했을까? 자신의 사주에 깊은 관심을 가졌지만 운명을 피해갈 수 없었다. 운명의 장난이 아닌 천명이었을 것이다.

여의도에는 윤석열이 임기 3년을 채우지 못할 것이라는 이야기가 유령처럼 돌고 있었다. 대통령 선거과정에서도 그렇고 대통령이 취임한 이후에도 회자됐다. 특히 대통령실을 어느 날 갑자기 청와대에서 용산으로 옮기는 상황을 보고 '윤석열−김건희가 진짜 무속을 신봉하고 있구나, 청와대에 가면 임기를 채우지 못하고 물러난다는 낭설을 확신하는 것인가? 그것을 피하기 위해 용산으로 대통령실을 옮기는구나. 그런데 그 운명을 피할 수 있을까?'라는 생각을 한 적이 있다.

어느 날 한겨레 민주당 반장과 함께 저녁을 하며 윤석열과 김건희의 운명에 대해 얘기한 적이 있다. 그러면서 셰익스피어의 '맥베스'를 언급하며 비슷한 운명 같다고 지나가면서 넋두리로 얘기했지만 현실이 됐다. 3년 만에 망하다니 결국 운명은 피할 수 없는 것인가?

맥베스는 자신을 믿어준 덩컨 왕을 시해하고 왕위에 올라 폭군이 된 인물이다.[9] 맥베스도 맥베스지만 왕의 시해를 부추기는 중심인물은 맥베스 부인이다. 맥베스 부인은 전혀 죄책감이 없는 악인의 모습 그 자체였다. 맥베스 부인은 덩컨 왕 시해를 망설이는 맥베스를 향해 권력을 장악하자고 제안한다.

"오늘 밤에 중대한 일을 모두 제 손에 맡기세요. 이 일만 치르고 나면 앞으로 긴 세월 동안 우리만이 이 나라를 지배하고 모든 권력을 쥐게 될 겁니다."

권력에 대한 야욕을 그대로 드러냈다. 그리고 자신들만의 영원한 왕국을 꿈꿨다. 맥베스는 왕위에 오른 이후 좋은 정치를 펼칠 수 있는 기회가 있었지만 정적 제거에만 몰두했다. 맥베스는 왕을 시해했기 때문에 자신도 누군가에 의해 시해될 수 있다는 의심이 많았다. 그리고 그 의심이 의심을 낳아 공포정치를 낳게 된 것이다.

맥베스는 왕이라는 권좌에 오르겠다는 야욕은 있었지만 왕이 된 이후 무엇을 할지, 선정을 베풀기 위해 통치는 어떻게 할지, 정치적 비전은 전혀 없었다. 오직 권좌만 탐하며 정치적 야욕만 가득할 뿐이었다. 맥베스와 맥베스 부인은 자신들의 권력을 영원히

---

9 신철희, 2017 "맥베스를 통해 읽는 정치와 인간의 한계" 한국정치학회보 51(5), pp217-235 참조

유지하려는 욕망 때문에 계속 살인을 저지르고 공포정치를 자행했던 것이다.

그리고 맥베스와 맥베스 부인은 마녀들의 예언과 주술에 의지했다. 왕이 될 것이라는 마녀의 예언을 신봉하며 맥베스와 맥베스 부인은 왕을 시해하고 왕위를 찬탈했다. 맥베스는 정치적 야욕과 탐욕만큼 자신들의 악행이 자신들에게 미칠 파장에 대해 두려움에 떨고, 미래의 불확실성에 대한 공포로 환영을 보게 되고 몽유병에 시달렸다.

내면적 공포는 현실정치에서 정적을 제거하는 공포정치로 표출됐다. 그리고 공포가 심화될 때마다 마녀를 찾아 조언을 들었다. 정치적 결정이 마녀의 예언에서 나오는 어처구니없는 상황이었다. 맥베스와 맥베스 부인은 악순환의 고리에서 헤어나오지 못하고 비극으로 마감한다.

윤석열과 김건희 부부의 비극과 맥베스와 맥베스 부인의 비극이 매우 흡사하지 않은가? 셰익스피어의 맥베스는 한국의 정치적 비극을 예고한 것일까? 왕(王)이라는 글자를 손바닥에 쓰는 주술적 모습으로 대통령선거 토론에 나왔고, 건진법사와 천공, 관상가 백재권과의 수많은 통화, 명 도사라고 하는 명태균과 정치적 거래 등 주술의 끝판왕을 보여주는 막장정치였다.

나라가 망하는 징후로서 망징은 무속과 점술이 판치는 주술정치와 간신이 득세하는 모습으로 드러난다. 윤석열과 김건희의 주술에 대한 의존은 그 자체가 망징으로서 결국 비극적 결말로 이어졌다. 윤석열-김건희 부부도 맥베스와 맥베스 부인처럼 자신들의 미래에 대한 불안으로 끊임없이 정적을 제거하기 위해 공포정치를 펼치고, 예언적 조언을 무속에게 듣고, 마침내 영구집권을 꿈꿨지만 자신들이 놓은 덫에 걸려 넘어지고 만다. 맥베스의 서사적 구조와 윤석열 김건희 부부의 정치 역정은 판박이로 매우 흡사하다.

마키아벨리는 잘 사용한 폭력과 잘못 사용한 폭력을 구분하고 공공선의 관점에서 절제된 폭력 사용의 중요성을 강조했다. 군주정에서조차 국가의 안정과 유지를 위해서는 권력의 분산과 제도화가 필수적이라는 것이다. 윤석열과 맥베스는 공공선을 추구하지 않고, 권력이라는 이름으로 절제되지 않은 폭력을 잘못 사용해 자멸한 전형적 사례이다. 왕위를 계속 유지겠다는 욕심은 권력의 분산이 아니라 권력 집중을 낳고, 더 나아가 권력의 독점, 영구집권의 수순으로 가고, 나쁜 폭력에 의존해 꼭 피를 보기 마련이다.

윤석열과 맥베스는 폭군으로서 비극적 말로의 주인공이 되었다. 전 정권의 무능을 외치며 집권했지만 도리어 확인한 것은 본인의 무능이었다. 또한 권좌에 대한 정치적 야심만 있을 뿐 통치에 대한 구체적인 플랜이 없었고, 정치를 극단적인 대결의 장으로 만들었다. 권력은 영원한 것이 아니라 유한하다는 것을 인정하지 않았고, 권력의 영구화에 집중한 나머지 자신의 경쟁자를 제거하려 끊임없이 시도했다. 더 큰 문제는 권력의 정점으로 부인을 받들었고, 주술에 기대어 결정을 내렸으며, 잔인한 폭정을 일삼다 결국 망하는 길을 걷게 되었다. 맥베스와 윤석열은 쌍둥이처럼 닮아 있었다.

윤석열과 고려 무신정권:
칼을 쓰는 자들의 몰락 패턴

윤석열 정권이 들어서고 검찰이 정치 전면에 등장했을 때, 고려 말 무신정권의 몰락과 흡사한 길을 걸을 것이라고 예견했다.

"고려 무신정권은 장검, 즉 긴 칼을 쓰고 목숨을 걸고 권력을 찬탈한다. 윤석열의 검찰 정권은 단검, 즉 면도칼을 쓰며 상대의 약점을 도려내 정적을 제거한다는 점이 다를 뿐이다. 단검을 쓴다는 것은 나의 한 팔을 내주고 적의 목을 친다는 의미가 아니다. 자신은 손상 없이 상대에게 치명상을 입히려는 의도이기 때문에 목숨을 걸고 진검승부를 하지 않는다. 어느 쪽이든 상관없이 무신정권과 검찰 정권은 칼을 쓰는 정치로 언젠가 서로 칼을 겨눌 수 있다고 의심하고, 의심은 권력 내부의 이반과 배신으로 이어진다. 조기에 권력이 몰락할 것"이라고 윤석열 정권의 말로를 내다봤다.

고려의 무신정권(1170~1270)은 문신 우위의 정치에 대한 불만이 극대화돼 무신들이 무력으로 문신 중심의 정치를 뒤엎고 정권을 장악한 시기를 말한다. 고려 무신정권 기간 동안 무신들 사이에서는 권력투쟁이 끊임없이 일어났다. 무신은 기본적으로 군사력을 바탕으로 정변을 일으키고 권력을 찬탈하는 방식이기 때문에 내부의 권력투쟁 속에 서로 칼을 겨누며 배신하고, 정적을 제거하는 일이 반복돼 몰락의 길을 걸었다.

정중부(1170~1179)는 이의방, 이고 등과 함께 무신정변을 일으켜 문신 정권을 타도하고 무신정권의 문을 열었다. 정중부는 동지이자 경쟁자였던 이의방, 이고 등을 제거하고 홀로 실권을 장악한다. 그러나 1179년, 정중부의 신임을 받던 경대승이 쿠데타를 일으켜 정중부를 제거한다.

경대승(1179~1183)은 정권을 잡고 자신의 신변 보호와 권력 기반 강화를 위해 도방을 설치했지만 도방의 설치 자체가 무신정권이 신변의 위협을 받고 있는 구조였음을 방증한다. 경대승은 소수의 측근 정치와 독단적 행동으로 반발을 사 궁지에 몰린 끝에 결국 병으로 사망해 허무하게 몰락하고 만다.

이의민(1183~1196)은 경대승 사후 권력의 공백이 발생한 가운데 혼란을 틈타 권력의 중심에 선다. 이의민은 노비 출신 무신이었다. 고려는 특유의 계급사회 구조였기 때문에 이의민의 출신에 반감을 가진 반대파가 많았고, 정치 불안은 가중되어 갔다. 여기에 해를 거듭할수록 이의민의 전횡과 부정부패가 심해져 끝내는 실각에 이르게 된다. 그리고 1196년, 최충헌이 이의민을 제거하고 60년 최씨 무신정권의 서막을 알린다. 최씨 정권은 최충헌-최우-최항-최의 4대에 걸쳐 60년간 전성기를 이뤘지만 내부 권력 다툼 또한 가장 치열했던 시기였다. 그러던 와중 1258년 최의가 최측근이었던 김준에게 피살되면서 4대에 걸친 60년의 최씨 정권은 막을 내리게 된다.

김준 정권(1258~1268)도 앞서 정권을 잡았던 무신들의 실패의 전철을 답습하면서 부패와 전횡을 일삼아 민심을 상실하게 되고 1268년, 자신의 부하 임연에게 제거된다. 임연 정권(1268~1270) 역시 무신정권 내 반란에 의해 무너지고 무신정권은 완전히 붕괴하게 된다. 반복적으로 일어나는 권력투쟁의 패턴을 고려 무신정권이 여실히 보여주고 있다. 군사력을 중심으로 한 권력 장악과 쿠데타, 그리고 측근이나 아들에 의한 권력 찬탈이 반복된 시기였다. 민심을 얻지 못한 무력 기반의 권력 구조가 얼마나 취약한지 잘 보여주고 있다. 무인들은 차례로 정권을 잡지만, 내부 권력투쟁과 부패로 정권은 점점 약화됐고, 이는 무신이라는 세력 자체의 약화로 이어져 결국 100년에 걸친 무신정권 시대가 몰락에 이르게 된 것이다.

윤석열의 검찰 정권도 내란 쿠데타로 무너졌다. 왜 이런 결과가 나왔을까? 고려 무신정권의 패턴에서 답을 찾을 수 있지 않을까? 윤석열 정권의 본질적인 속성은 정치검찰과 정치군인의 연합이었다. 시작은 정치검찰의 검찰 정권이었지만 학연 등으로 엮인 정치군인이 합세한 것이다. 12.3 계엄령에 의한 쿠데타는 군대, 경찰, 내각, 국정원, 검찰, 대통령실 국가권력이 총동원된 내란이다. 특검을 통해 하나하나 밝혀지고 있지만 윤석열 정권의 핵심 기둥은 검찰과 계엄군이었다. 단검을 쓰는 검찰과 총과 칼을 쓰는 군부가 권력의 중심에서 윤석열 정권을 뒷받침했다.

검찰을 기반으로 해 권력을 장악하고 정치군인과 함께 쿠데타를 일으켜 나라를 찬탈하려는 윤석열 정권의 시도는 고려 무신정권의 한 단면과 매우 유사하다. 소수의 집권 세력이 권력을 전횡해 민심이 점점 멀어지고 권력이 무너지는 모습 또한 매우 흡사하다. 윤석열의 내란은 정치검찰과 정치군인의 연합체로 쿠데타를 감행했다. 그들의 권력의 정점과 몰락이 교차하는 시점은 12.3 내란의 밤이었다. 윤석열의 권력 기반을 좀 더 살펴보자.

윤석열의 권력 기반: 정치군인과 정치검찰

한국 정치에서 박정희와 전두환 군부 정권은 군사 쿠데타 이후 독재정치를 했다. 윤석열의 검찰 정권은 비상계엄과 내란을 통해 영구집권을 꿈꿨고, 결국에는 독재정치로 이어졌을 가능성이 매우 높다. 군부와 검찰의 조직문화는 명령체계가 확실하고 상명하복과 같은 권한 집중이 매우 강하다. 군부의 하나회와 같은 사조직이나 검찰, 그중에서도 검사동일체 원칙이 가장 강한 것으로 알려진 윤석열이 몸담았던 특수부는 유사한 조직 논리를 가지고 있다.

민주주의는 권력의 집중이 아닌 권력의 분산으로 권력 남용을 방지하는 정치 시스템인데 반해 군부의 하나회와 특수부 검찰은 권력 분산을 통한 견제와 균형이라는 시스템과는 거리가 먼 특성을 지니고 있다. 특히 권력이 소수의 엘리트 그룹에 집중되고 그

소수 그룹 중에도 권력의 정점에 있는 한 사람 또는 그와 가까운 소수 인물들에 의해 조직이 좌지우지 된다.

이러한 조직문화는 민주주의 원칙인 권력 분립과 견제와 균형의 원칙으로 볼 때 상반된 특성을 가지고 있다. 정치에 있어 민주주의는 토론과 상호 비판을 통해 생명력을 더해 가지만 군부의 사조직이나 특수부 검찰은 오로지 상명하복만 존재할 뿐 민주적 절차를 통해 의견을 수렴한다는 것은 기대할 수 없다. 그리고 이러한 특성은 내란 과정에서 김용현 국방장관과 내란에 동조한 일부 정치군인들에게서 여실히 드러난다. 누군가 반대 의견을 낸다면 이는 곧 항명으로 받아들여지고 조직에서 배제된다. 정치적 억압을 통해 반대 의견을 잠재우는 방식이다. 지난 12.3 계엄령 당시 발표되었던 포고문은 이러한 정치군인들의 정치적 야욕이 고스란히 드러났다고 해도 과언이 아니다.

윤석열 검찰 정권에서는 수사와 기소로 합법을 가장해 정적 제거를 정당화하고 권력의 집중을 시도했다. 정치검찰이 수사와 기소로 기획수사와 조작을 하더라도 그것은 합법이라는 탈을 쓰고 이뤄진다. 동시에 자신들의 비위는 법적 절차와 제도를 활용해 죄를 덮으려 했다. 윤석열과 김건희에 대한 부패와 비리는 정치검찰이 수사가 아닌 호위무사가 돼 죄를 없애주는 역할을 마다하지 않았다. 정치검찰은 윤석열과 김건희의 친위대였다. 윤석열은 자신의 권력을 유지하기 위해 마음껏 검찰을 도구화했다.

더불어민주당은 2024년 12월 2일 본회의에서 이창수 서울중앙지검장, 조상원 4차장, 최재훈 반부패 2부장 검사 세 명에 탄핵소추안을 보고했다. 그리고 표결은 12월 4일로 예정하고 있었다. 이들은 검찰 수사라인의 핵심으로 김건희의 도이치모터스 주가조작 사건의 진상 규명을 하는 것이 아니라 오히려 수사를 방해하고 면죄부를 주기에 급급했다.

정치검찰은 김건희의 변호사처럼 행동했다. 대한민국 민주주의 제도하에서 유일하게 정치검사를 제지할 수 있는 방법은 국회의 탄핵밖에 없다. 검찰의 자정 노력은 기대할 수 없는 상황이었다. 정치검찰 세 명에 대한 탄핵은 예정된 수순이었다. 그런데 표결을 하루 앞둔 12월 3일, 내란 쿠데타가 발생했다.

윤석열은 국회와 야당 국회의원들을 '반국가세력'으로 규정하고 2024년 12월 3일 22시 27분, 기습적으로 비상계엄을 선포했다. 원내수석으로서 비상계엄 선포 15분 후인 밤 10시 42분쯤 민주당 국회의원 단체 텔레그램 방에 국회 본회의장으로 모여달라고 긴급소집을 했다. 바로 집에서 간단히 옷을 입고 집을 나서 택시를 잡으려 했지만 택시가 보이지 않았다. 그때 마침 김기웅 수행

비서가 "윤석열의 비상계엄 선포를 보고 의원님이 국회로 이동해야 할 것 같아 금호동에서 출발해 의원님 집 방향으로 가고 있는 중입니다."라고 전화가 왔다. 엄청 반가운 목소리였다.

차를 타고 마포대교를 건너는 순간 비장감이 몰려들었다. 수행비서에게 "다시 돌아오지 못할 수 있다."는 말을 남겼다. 밤 11시 20분경 담을 넘어 국회에 들어왔다. 중요한 것은 비상계엄 해제 결의안 안건의 상정이었다. 국회 의사국장과 민주당 원내행정실장을 만나 상의하고 바로 안건 상정을 준비해 달라고 부탁했다.

더 중요한 것은 민주당 의원들이 150명이라는 과반을 채울 수 있느냐였다. 피가 말렸다. 밤 12시 30분이 넘어갈 때쯤 152명이 국회 본회의장에 들어왔다. 여기서 꼭 짚어야 할 것이 있다. 민주당 의원들은 어떻게 신속하게 본회의장에 들어올 수 있었을까?

그것은 바로 검사 탄핵을 위한 본회의가 12월 4일에 잡혀 있었기 때문이다. 당시 원내지도부는 만일의 사태를 대비해 의원들에게 가급적 국회 인근에서 대기해 줄 것을 요청했고, 덕분에 빠른 시간 내에 모일 수 있었던 것이다. 밤 12시 40분쯤 계엄군이 국회 경내로 진입했다는 소식이 전해지며 본회의장은 불안감에 휩싸였다. 우원식 국회의장에게 바로 비상계엄 해제 결의안을 의결하자고 제안드렸다.

그런데 돌아온 답변은 추경호 국민의힘 원내대표가 새벽 1시 30분에 열자고 한다며 기다려 달라는 것이었다. 박찬대 원내대표와 함께 우원식 국회의장에게 달려가 "안됩니다. 안됩니다. 바로 본회의를 열어 처리해 주십시오. 계엄군이 몰려들고 있습니다. 기다릴 여유가 없습니다."라고 외쳤다. 가까이서 본 우원식 국회의장도 입술이 바짝 말라 있었다.

천신만고 끝에 12시 49분 계엄 해제를 위한 국회 본회의가 열렸고, 1시 1분 비상계엄 해제 요구 결의안이 상정돼 재석 의원 190명 전원의 찬성으로 가결됐다. 국민의힘은 친한계로 알려진 의원 18

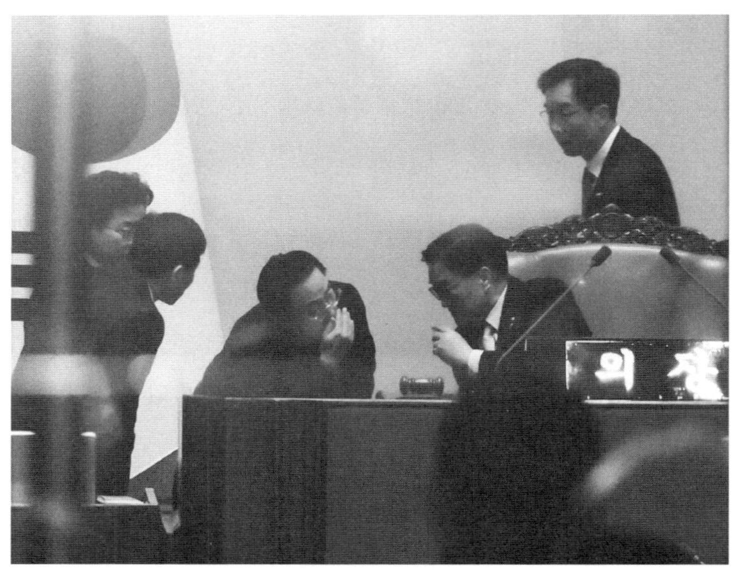

ⓒ 연합뉴스

명이 표결에 참여했다.

새벽 4시 27분, 국회의 해제 요구에도 세 시간 넘게 버티던 윤석열은 대국민담화를 통해 국회의 요구를 수용, 비상계엄을 해제하겠다고 선언했다. 12월 3일 밤부터 12월 4일 새벽까지 한숨도 못 자고 이학영 국회부의장실에 모여 민주당 지도부는 대책회의를 이어갔다.

내란을 일으킨 윤석열 퇴진에 당력을 집중하기 위해 일단 12월 4일로 예정되어 있던 정치검찰 이창수, 조상원, 최재훈에 대한 탄핵 의결은 잠정 보류하기로 했다. 윤석열의 불법 비상계엄을 지켜본 온 국민과 함께 윤석열이 물러날 수 있도록 온 힘을 모아야 한다고 의견이 모아졌다. 국회에서 비상 의원총회를 열고 윤석열 대통령이 사퇴하지 않으면 탄핵 절차에 즉각 돌입하겠다는 내용의 결의문을 채택했다. 곧이어 민주당은 불법 비상계엄을 한 윤석열 탄핵을 준비했다. 탄핵안을 12월 4일에 발의한 후 하루 뒤 5일 본회의에 보고할 계획이었다. 해야 할 일을 정리해 처리하고 한숨 돌린 후 12월 4일 밤 박찬대 원내대표, 김용민 정책수석과 함께 비상계엄 사태를 논의하다 정신이 번쩍 들었다.

"이 정권은 검찰 정권입니다. 향후 윤석열에 대한 수사가 진행될 텐데요. 그러면 윤석열 수사가 누가 맡게 되죠? 이창수 중앙지검

장이 맡게 되지 않겠습니까? 있을 수 없는 일입니다. 다시 정치검
찰 탄핵을 추진해야 합니다."라고 의견이 모아졌다.

국회법상 탄핵안은 본회의 보고 24시간 후, 72시간 이내에 표
결이 이뤄져야 한다. 이에 따라 탄핵안은 5일 오후까지 처리되지
않으면 폐기된다. 채 24시간도 남아 있지 않았다. 서둘러 12월 5
일 국회 본회의를 열고 최재해 감사원장과 이창수 서울중앙지검
장 등 검사 3인에 대한 탄핵소추안의 표결을 추진하기로 결정했
다. 특히 국민의힘이 '윤 대통령 탄핵 반대'를 당론으로 정하는 분
위기가 전해지면서 민주당 의원총회에서도 탄핵을 추진해야 한다
는 의견이 대다수였다. 그리고 12월 5일에 열린 국회 본회의에서
'감사원장(최재해) 탄핵소추안, 검사(이창수) 탄핵소추안, 검사(조상
원) 탄핵소추안, 검사(최재훈) 탄핵소추안 의사 일정 변경 동의' 제
안 설명을 한다.

"피소추자 검사 이창수·조상원·최재훈은…… 검찰 독립성을 빙자
해 검찰권을 남용함으로써 인사권자에 사적 보은을 행사했고 황
제 조사라는 상상할 수 없는 특혜 제공과 마땅히 진행해야 할 압
수수색마저 생략하고 불기소 처분하는 등 국민의 법치주의에 대

12월 5일 이창수 중앙지검장과 조상원 4차장검사, 최재훈 반부패수사2부장검사 탄핵소추안이 의결됐다. 김건희에 대한 수사를 제대로 조사하지 않고 김건희에게 특혜를 제공하고 불기소 처분했다는 이유였다. 검찰 내부에서 윤석열의 비상계엄 사태에 대해 공식적인 비판의 목소리가 나오지 않았다. 민주당 정권에서 검찰 개혁을 하려고 할 때마다 벌떼처럼 일어나 열리던 검사장회의도, 내부 게시판에서 배설하듯 쏟아내던 의견도 없었다. 비상계엄 선포 요건과 포고령 내용에 위헌·위법성이 그대로 드러났지만 이를 전면에 나서서 지적하는 목소리는 들리지 않았다.

결과적으로 볼 때 검찰은 스스로 운신의 폭을 좁혔다. 윤석열을 전방위에서 옹호한 검사 3인에 대한 탄핵의 명분을 정치검찰 스스로 축적했다. 검찰 출신 대통령의 불법 비상계엄은 검사 탄핵에 대한 반발의 명분이 사라지는 효과를 가져왔다. 그리고 특검의 수사가 진행되면서 김건희 비리의 실체와 정치검찰의 위법적 일탈이 그대로 드러나고 있다.

　윤석열 정권의 내란을 획책한 김용현을 비롯한 내란 군부는 국가 안보와 질서 유지를 명분으로 친위 쿠데타를 했다. 박정희 군부 정권과 전두환 군부 정권 역시 정치적 혼란이나 외부 위협을 이유로 군의 정치 개입을 정당화했다. 윤 정권의 정치검찰은 법과 정의의 수호를 명분으로 법집행의 엄정성을 강조하며 통치 기반을 견고히 했다. 윤석열의 정치군인과 정치검찰은 위헌과 위법한 비상계엄과 기획수사를 통한 정적 제거를 안보와 질서, 법과 정의라는 이름으로 포장했다.

　군부 통치나 검찰 정권의 속성은 소수 엘리트의 권력 독점에서 뚜렷하게 드러난다. 권한 집중에 의한 권력 독점은 견제와 균형의 원리를 깨뜨리기 마련이고 권력 남용의 위험성도 매우 높아지게 된다. 그리고 필연적으로 민주주의와의 갈등을 낳게 된다. 민주주의 원칙인 권력 분립과 견제와 균형의 원칙에 반하기 때문이다. 군부 정권은 군부가 행정부를 장악하고 입법부와 사법부에 영향을 미치고, 검찰 정권은 검찰 권력을 이용해 행정부와 입법부를 상호 견제하지 않고 굴종하게 만든다. 이상민 행안부장관은 경찰국을 신설해 경찰 인사를 통제했다. 이상민 장관은 단전단수를 지시한 비상계엄, 내란의 주요 임무 종사자였다. 국민의힘은 비상계엄 해제를 방해하고 탄핵을 반대한 중심 세력이었다. 검찰 정권에서 행정부와 입법부는 권력의 하위기관이 됐다. 만약 비상계엄이 성공했다면 군부 정권과 검찰 정권의 연합으로 영구집권과 독재정치로 이어졌을 것이다. 독재자가 행정부, 입법부, 사법부를 모두 장악하고 권력 분립과 견제와 균형은 사실상 무의미해졌을 것이다.

또한 민주적 절차와 원칙은 사라지고 권력 남용과 인권 침해는 일상화됐을 가능성이 크다. 김건희 사건에서도 볼 수 있듯이 권력이 소수에게 집중되면 정치적 부패가 만연할 가능성이 높아진다.

© 연합뉴스

양평고속도로 종점 변경 사건 역시 권력 집중은 경제적 자원의 분배에도 왜곡된 영향을 미쳐 합리적 의사결정이 이뤄지지 않고 누군가 특혜를 받게 된다는 것을 보여준다. 따라서 경제적 불평등은 심화될 수밖에 없다. 권력층의 경제적 이익을 위한 정책이 우선시되고 공정한 경쟁은 기대할 수조차 없게 될 것이다. 열심히 노력하면 경제적 기회가 올 수 있다는 합리적 기대는 물거품처럼 사라지게 될 것이다.

윤석열의 비상계엄은 정치군인의 군부와 정치검찰 정권의 연합이었다. 법적으로나 정치적으로 정당성은 사라졌다. 권력 남용으로 영구집권을 꿈꾸는 순간 민주주의와 법치주의는 껍데기조차 남아 있지 않았을 것이다. 그리고 노상원 수첩에서 볼 수 있듯 단순한 정치적 억압을 넘어 구금과 고문, 살인이 빈번하게 일어났을 것이다. 윤석열 정권의 내란이 성공했다면 인권 침해, 사회적 불안, 정치적 부패가 만연하고 경제적 불평등을 초래하는 등 부정적인 결과를 낳았을 것이다. 그 결과, 대한민국은 국제 신인도가 추락하고 후진국으로 추락했을 것이다.

윤석열과 리처드 닉슨:
'바이든 날리면'과 '워터게이트'

리처드 닉슨과 윤석열의 공통점은 한 명은 변호사, 또 다른 한 명은 검사로 법률가 출신이라는 점이다. 닉슨은 미국의 37대 대통령으로서 1969년부터 1974년까지 재임했고, 윤석열 대통령은 2022년부터 2025년까지 20대 대한민국의 대통령으로 있었다. 닉슨 대통령은 워터게이트 사건으로 인해 큰 정치적 스캔들에 휘말렸고, 결국 탄핵 직전 대통령직에서 사임하게 되었다. 윤석열 대통령은 비상계엄이라는 내란 쿠데타로 탄핵됐다. 기자들과 만나 정치 현안에 대한 논의를 할 때, 종종 닉슨의 전철을 윤석열이 비슷하게 걷고 있다는 말을 많이 했다. 둘은 공교롭게도 잦은 거짓말로 스스로 탄핵의 포인트를 누적해 가고 있었다. 그리고 몇 가지 근거를 들어 설명했는데 미래 예측이 적중했다.

윤석열은 명태균과 직접 통화해 공천에 개입하는 녹취가 공개되었음에도 그저 덕담을 한 것이라는 말도 안 되는 변명을 늘어놓는 기자회견을 했다. 2024년 11월 9일 제18차 정책조정회의에서 윤석열에게 닉슨의 최후를 기억하라고 발언한다.

"윤석열 대통령은 거짓말과 자기변명으로 워터게이트를 덮었던 닉슨의 최후를 기억하십시오…… 윤석열 대통령은 워터게이트 사건의 폭로가 이어지던 1973년 11월 닉슨의 기자회견을 기억해야 합니다. 1년 전인 1972년 11월 7일에 대통령 재선에 성공합니다. 워터게이트 사건이 불거지자 1973년 11월 17일 기자회견에서 닉슨의 워딩은 두 가지였습니다. 첫 번째는 "잘 모른다.", 두 번째는 "나는 사기꾼이 아니다.", 이 두 말로 워터게이트를 덮었지만 추후 결정적인 제보가 들어옵니다. 닉슨의 워터게이트 사건 개입 녹취를 워싱턴포스트에서 공개했고 닉슨은 불행한 결말을 맞죠."

1973년 11월 17일 리처드 닉슨 전 미국 대통령이 기자회견에서 "저는 사기꾼이 아닙니다!(I'm not a crook!)"라고 거짓말을 했다. 그리고 이는 국민적 공분을 일으킨 역사적인 발언이 됐다. 한마디로 닉슨 대통령은 거짓말로 망했다. 워터게이트 사건은 잘 알려진 것처럼 미 대선을 앞둔 1972년 6월 17일 닉슨 대선 캠프가 야당인 민주당 전국위원회 본부에 침입해 도청장치를 설치하다 발각된 사건이다. 민주당 출마 예상 후보에 대한 정보를 빼내기 위해서였다. 그리고 얼마 지나지 않아 닉슨이 사건을 은폐하기 위해 거짓말을 했다는 사실이 드러났다. 결국 닉슨은 사법 방해와 권력 남용 혐의로 탄핵에 회부됐다. 그리고 의회의 탄핵 가결 직전 자진 사퇴한다.

윤석열 정권 몰락의 원인이 무엇인지 묻는다면, 한마디로 거짓말이라고 해도 과언이 아니다. 윤석열은 때와 장소를 가리지 않고 거짓말을 자신의 필요에 따라 정치적 술수로 이용했다. 거짓말은 거짓말을 낳았으며, 거짓은 또 다른 거짓으로 덮으려 했다.

윤석열은 거짓말로 시작해 거짓말로 무너진 정권이라 해도 과언이 아니다. 임기 초 이른바 '바이든 날리면' 사건은 거짓말로 온 국민을 우롱하는 윤석열의 실체를 확인하는 계기가 됐다. 그리고 내란 쿠데타 이후 12월 7일 발표한 대국민 메시지는 국민을 향한 거짓말의 최고 정점이라고 볼 수 있다. 탄핵심판 과정에서 헌법재판관 앞에서도 거리낌 없이 거짓말을 하는 윤석열의 모습은 우리가 뽑은 대통령이 과연 이 정도 수준인가 자괴감이 들 정도였다.

윤석열 거짓말의 또 다른 특징은 처가와 관련된 사건에서 두드러진다는 점이다. 지난 2022년 대선부터 불거진 장모 최은순 관련 사건을 빼놓을 수 없다. 윤석열은 장모 최은순을 적극 옹호했지만 최은순은 여러 경제 사기 사건에 연루돼 결국 구속은 물론 실형까지 살게 됐다.

뿐만 아니라 부인 김건희와 관련된 수많은 의혹에 대해서도 윤석열은 거짓말로 최전선에 나서 공격수 역할을 했다. 김건희 씨의 허위 경력과 관련된 의혹, 명품백 사건, 인사개입 의혹, 양평고속도로 의혹 등 이루 말할 수 없다. 김건희의 의혹에 대해 윤석열은 입만 열면 거짓 해명을 늘어놓았다.

처가와 관련된 의혹에 대해 윤석열은 늘 관련성을 부인했지만 결과적으로 대통령으로서의 신뢰성에 타격을 입혔다. 특히, 청렴성과 도덕성에 의문을 제기하게 했다. 끝없는 탐욕으로 장모와 김건희 등 처가를 둘러싼 의혹은 점차 눈덩이처럼 커졌고, 이를 향한 비판과 비난도 함께 커져 갔다. 대통령의 지지율에 부정적인 영향을 미쳤고, 야당과 언론, 학계와 시민사회 등 분야를 가리지 않고 지속적인 비판의 대상이 됐다.

특히, 윤석열은 해병대 채해병 사망 사건과 관련해서도 군통수권자로서의 당당한 모습을 찾아볼 수 없었다. 입으로는 대통령으로서 책임감을 갖고 사건의 진상 규명과 재발 방지를 위해 노력하겠다고 했지만 이 또한 새빨간 거짓말로 드러났다.

'바이든 날리면'은 윤석열의 대표적 거짓말이다. 2022년 9월 22일 윤석열 대통령이 미국 순방 중 글로벌 펀드 재정기업 회의에서 조 바이든 미국 대통령과 만남 이후 행사장을 빠져나가며 "이 XX들, 쪽팔려서"라는 비속어가 섞인 말을 하여 논란이 된 사건이다.

문제가 된 발언은 "국회에서 이 XX들이 승인을 안 해주면 바이든이 쪽팔려서 어떻게 하나?"로 확인되는데 당시 대통령실은 논란이 터지고 열다섯 시간이나 지난 다음 날이 다 되어서야 윤석열 대통령의 '비속어 논란'에 미 의회를 향한 게 아닌 '우리 국회'에 대해 한 얘기였다고 해명하였다.

발언 도중에 등장하는 '바이든'으로 해석되는 단어도 '날리면'이 맞다고 주장하였다. 즉, "국회에서 이 XX들이 (야당이 오늘 약속한 공여금을) 승인 안 해주고 (예산안을) 날리면 (내가) 쪽팔려서 어떡하나"라고 발언했다는 것이다.

김은혜 홍보수석은 초췌한 표정으로 기자들 앞에 서서 윤석열 대통령의 실언을 "'바이든'이 아니라 '날리면'"이고 "대한민국 야당을 향한 발언"으로 해명했다. 당시 대변인으로서 2022년 9월 23일 오전 10시 10분, 국회 소통관 기자회견장에서 "김은혜 홍보수석은 전 세계를 상대로 거짓말하지 마십시오"라고 논평을 했다. 간단히 정리하면 다음과 같다.

"이번 김은혜 수석의 해명은 국민은 물론 전 세계를 상대로 한 사상 최악의 거짓말입니다. 해명은 사실을 밝히는 것이지 거짓말로 사실을 덮는 것이 아닙니다. 온 국민이 들었고, 전 세계로 보도되는 대통령의 실언을 눈 가리고 아웅 하며 속이겠다니 정말 뻔뻔합니다…… 말실수는 진솔한 사과를 하면 해프닝으로 끝납니다. 하지만 거짓말은 윤석열 정부에 대한 불신을 키울 겁니다…… 적당히 자신들의 위기를 모면하려다가 대한민국을 위기에 빠트리지 마십시오."

이어서 2022년 9월 25일 11시 '무능하고 거짓말하는 윤석열 정부의 순방외교, 대국민 사과와 전면적인 인적 쇄신이 필요합니다'라는 논평에서도 윤석열 대통령의 순방은 총체적 무능을 날 것 그대로 보여줬고, 뻔뻔하게 거짓말까지 해 국민이 냉정한 평가를 한다고 지적했다.

2022년 9월 27일(화) 오전 10시 30분 '윤석열 대통령은 욕설 논란에 대해 깨끗하게 사과하고 기본으로 돌아오십시오'라는 논평에서는 오직 대통령과 국민의힘만 언론 탓을 하며 진실을 부정하고 진실 공방까지 벌이고 언론 탄압을 예고하고 있다고 알렸다.

언론 탄압은 바로 현실이 됐다. 2022년 9월 27일(화) 오후 4시 10분 '언론 고발에 대응 TF 구성까지, 이제 '탄압의 힘'이라고 불러야겠습니다'라는 브리핑에서는 국민의힘 지도부가 'MBC 진상 규명 TF'를 구성하겠다고 해 민생은 내팽개치고 언론 때려잡기만 하고 있다고 지적했다. 결국 국민의힘은 '탄압의 힘'이 됐다.

대변인 논평에서도 지속적으로 제기했지만 윤석열 대통령의 발언에 대해 거짓 해명으로 일관했다. 논란이 됐을 때 사실을 인정하고 사과했다면 단순하게 끝날 수 있는 문제였지만 거짓 해명으로 논란을 키워 정치적 신뢰에 큰 손상을 입혔다. 돌아온 것은 지지율 하락, 정치적 갈등 심화 등의 결과였다. 이런 상황들은 대통령으로서 스스로 정치적 입지를 좁혔고, 당연히 이미지에 부정적인 영향을 미쳤다.

대통령의 거짓말은 곧 국민의 신뢰를 잃게 한다. 대통령의 잘못된 행위를 은폐하기 위한 거짓말은 꼬리에 꼬리를 물고 의혹을 눈덩이처럼 키워 간다. 이 과정에서 거짓말을 진실로 포장하기 위해 언론을 이용하는데 진실을 규명하고 비판하는 언론은 억압하고, 언론 간에도 대립 구도를 만든다. 또한 국민 간에 서로 갈등을 부추겨 진실 공방으로 물을 흐리게 한다. 진실 공방은 누가 옳으니 그르니 옥신각신하며 본질을 흐리게 한다. 이렇게 되면 거짓말을 한 장본인인 대통령은 논란의 대상에서 빠지게 되고 어느 순간 이슈가 이슈를 덮어 대통령의 거짓말은 어디론가 사라진다.

그렇지만 대통령의 거짓말은 반대 세력을 결집시키는 매개가 되고, 정치적 압박을 할 수 있는 공격 포인트가 되고, 하나하나 누적돼 국민의 신뢰를 상실하게 된다. 대통령의 거짓말은 사회적 이슈가 되고 정치적 전선이 형성되고 법적인 문제로까지 갈 수 있는 중대 사안이다. 윤석열은 이 사실을 간과했다. 위기를 모면하기 위해 거짓말을 선택했고 부끄러움을 몰랐다. 염치를 모르면 무엇이든지 다 받고, 부끄러움을 모르면 어떤 행동도 거리낌 없다고 했다. 김건희는 염치가 없어 무엇이든지 뇌물을 받고, 윤석열은 부끄러움이 없어 거짓말도 서슴없이 했다.

측근의 배신:
한동훈과 존 딘

닉슨과 윤석열의 거짓말이 어떻게 국민의 신뢰를 잃고 몰락할 수밖에 없었는지 분석했다. 가끔 기자들과 만나서 얘기 나누며 마키아벨리를 언급하곤 했다. 그중에서도 마키아벨리의 "리더의 지혜를 측정하려면 리더 주변에 누가 있는지를 보면 알 수 있다"라는 문구를 인용했다. 과연 닉슨과 윤석열은 주변에 어떤 인물들이 있었을까? 핵심 측근들이 떠올랐다.

① 윤석열의 측근 - 한동훈과 김건희

윤석열의 최측근은 한동훈과 김건희였다. 김건희는 용산 궁정 정치를 하고 있는 가운데 V0 김건희, V1 윤석열이라는 말이 회자

되고 있었다. 한동훈은 검찰 시절부터 윤석열의 정권의 황태자로서 법무부장관을 거쳐 2024년에는 국민의힘 비상대책위원장으로서 총선을 진두지휘했다. 그리고 총선 패배 후 열린 당대표 경선 과정에서 이른바 '읽씹' 논란이 있었다. 총선 전 김건희가 한동훈 당시 비대위원장에게 명품백 수수 사건과 관련해 다섯 차례 문자로 사과 의사를 표시했으나 한동훈 위원장이 이를 무시했다는 내용이었다.

수면 아래 있던 둘 사이의 갈등설이 표면으로 부상했다. 김건희가 한동훈 비대위원장에게 보낸 문자 내용이 공개돼 언론에 화제가 됐다. 김건희는 '함께 지금껏 생사를 가르는 여정을 겪어온 동지였는데'라며 한동훈에게 생사를 같이한 동지라고 했다. 매우 인상적인 문구였다. 2024년 7월 9일 제6차 원내대책회의에서 이렇게 발언을 했다.

"동지라는 용어는 정치적 동지라는 의미로 쓰입니다. 그러면 한동훈 전 장관과 김건희 여사는 정치적 동지이고, 그동안 함께 정치적 행위를 해왔다는 것을 김건희 여사가 스스로 인정한 것입니다. 한동훈 전 장관은 검찰뿐만 아니라 법무부장관을 하면서, 김

동지라는 말 자체에 상당히 함축적 의미가 있다. 검찰 정권에서 김건희 여사와 한동훈 전 장관은 같은 배를 탔다는 사실을 김건희 문자를 통해서 확인할 수 있었다. 앞서 언급한 2024년 7월 9일 원내대책회의 발언에서 윤석열 정권의 권력 분열이 시작됐다는 점을 알렸다. 권력 내부의 배신으로 김건희의 문자가 공개됐고 서로 신뢰하지 않는다는 사실이 만천하에 드러났다는 점을 강조했다. 결국 권력 붕괴의 시그널이라고 경고했다.

워터게이트 사건에서도 권력 내부에서 분열이 일어나고 서로 배신하는 것을 볼 수 있다. 여기에 핵심이 있다. 이미 김건희와 한동훈의 내부 분열과 권력투쟁이 조짐을 드러내고 있었다. 누구도 모르는 은밀한 김건희의 문자 내용이 공개됐다는 사실만으로 서로 돌아올 수 없는 다리를 건넜다는 것을 의미한다. 더 나아가 권력의 내리막길, 권력의 하락기로 접어들었다는 것을 보여주고 있었던 것이다. 김건희와 한동훈은 이제 정치적 동지가 아니고 서로 제거해야 할 대상이 된 것이다. 권력의 민낯이 드러났다.

한동훈과 김건희의 관계는 2024년 7월 김건희 문자 공개 이전에도 늘 언론의 관심을 받고 있었고 뉴스화됐다. 윤석열이 대통령으로 취임한 이후에도 김건희와 관련된 여러 의혹은 계속 제기됐다. 한동훈은 법무부장관으로서 최고의 실세로 부각됐고 김건희 수사를 막는 호위무사 역할을 하는 것이 아니냐는 의혹이 끊임없이 회자되는 상황이었다.

이런 가운데 2023년 2월 6일 정치·외교·통일·안보 대정부질문에서 한동훈 법무부장관에게 질의한다. 김건희 수사가 검찰 단계에서 진행이 되지 않고 묻어두려는 움직임에 대해 날카롭게 지적했다.

박성준 의원: 김건희 수사 하는 겁니까, 안 하는 겁니까?

법무부장관 한동훈: 지금 현재 계속 수사 중이라는 말씀드리고요. 검찰이 공정하게 수사해서 결론을 내릴 거라고 생각합니다.

박성준 의원: 김건희 여사의 수사를 검사들이 했더니 무혐의가 나왔어요. 제가 볼 때 몇 년 후에 새로운 사실이 드러나고, 물증과 증인이 나와 유죄가 나올 가능성이 매우 크다고 봅니다. 지금 그렇게 흘러가고 있습니다. 한동훈 장관은 어떻게 생각하세요?

2023년 2월 대정부질의에서 김건희 수사를 검찰이 뭉개고 있다고 지적하고, 어느 정도 시간이 흐르고 진실이 밝혀질 것이라고 한동훈 장관에게 말하고 엄정한 수사를 주문했다. 이명박의 BBK 사건을 예를 들면서 김건희 도이치모터스 주가조작 사건도 비슷한 전철을 밟은 것으로 예상했다.

이명박 BBK 주가조작 사건은 2007년도에 중앙지검에서 최재경, 김기동, 김홍일 검사 등 수십 명의 수사인력을 투입했지만 무혐의 처분을 했다. 수사가 제대로 안 됐다는 여론의 질타가 거세져 특검수사를 하게 됐다. 2008년 정호영 특검을 비롯해 윤석열 검사는 무혐의 처분을 했다.

BBK 특검은 다스와 BBK가 이명박과 무관하고 혐의가 없다고 발표했다. 이 사건은 훗날 다시 사건의 진실이 파헤쳐졌고, 2018년 윤석열 중앙지검장과 한동훈 3차장검사가 수사해 이명박에게 유죄가 확정됐다.

질의를 이어갔다.

박성준 의원: 그리고 2018년도 한동훈 중앙지검 3차장검사는 다스 실소유주는 이명박이 맞다, 이렇게 발표를 했더군요.

법무부장관 한동훈: 어차피 입증은. 그런데 2008년 당시에는 의미 있는 진술과 그런 내용이 전혀 안 나왔던 거고요. 2018년에 제가 수사할 당시에는, 그때 있었던 사람들 중에 일부가 사실은 자기들이 거짓진술을 했다는 점을 가지고 저희한테 제보를 해온 것이었습니다. 그렇기 때문에 상황은 많이 다르지요. 그러니까 2018년에 판단이 달라졌다고 해서 2008년의 수사가 잘못된 것이었느냐? 그것은 그렇게 단정해서 말씀하실 수 있는 문제는 아닙니다.

박성준 의원: 그 당시 2018년도 이명박 전 대통령 징역 17년 중형 확정할 때 중앙지검장이 누구였지요? 윤석열 지검장이었더군요.

법무부장관 한동훈: 그리고 제가 담당 검사였습니다.

박성준 의원: 그렇지요, 차장검사였고요. 2008년의 윤석열 검사, 2018년의 윤석열 중앙지검장, 어떤 차이가 있는 겁니까?

이명박 BBK 사건은 10년도 넘게 지나 사실 규명이 되고 이명박은 징역 17년이 확정됐다. 이처럼 김건희 의혹은 반드시 밝혀질 것으로 예상했다. 예측대로 김건희 의혹은 하나하나 사실로 드러나고 있고 김건희는 구속된 상태다.

역사를 보면 미래가 보인다고 했다. 이명박 BBK 사건을 수사한 윤석열 검사는 처음에는 무혐의 처분했지만 2018년에는 중형 선고를 받아냈다. 그리고 누가 뭐라 해도 그 중심에는 윤석열이 있었다. 한동훈 장관에게 김건희 도이치모터스 주가조작 사건 수사에서 윤석열의 어두운 그림자를 밟지 말라는 의미로 질의했다.

하지만 검찰정권은 김건희 수사를 덮는 데 혈안이 돼 조직의 위기를 자초했다. 윤석열 정권의 최고 실세인 한동훈과 김건희는 어떤 관계인지를 확연히 보여주는 하나의 단초가 발생한다. '카톡사건'이었다. 대정부질의를 이어간다.

박성준 의원: 앞서 질의에서 정청래 의원이 한동훈 장관과 김건희 여사의 카톡 얘기를 물어보더라고요. 저는 직장생활을 수십 년 했는데 선배 부인하고 카톡을 하거나 전화를 해 본 적이 없어요. 이게 일반적인 상식의 수준입니까?

법무부장관 한동훈: 의원님, 이것 굉장히 오래된 얘기고요.

박성준 의원: 얘기해 보세요. 사적인 관계에서 얘기한 겁니까, 아니면 공적인 관계에서 얘기한 겁니까?

법무부장관 한동훈: 아까 제가 말씀드렸지요. 이것 대부분의 경우가…….

박성준 의원: 아니, 그냥 사실을 얘기해 주세요.

법무부장관 한동훈: 제가 얘기하잖아요. 윤석열 당시 총장과 얘기한 것이라는 것을 분명히 얘기 드렸고요. 그렇지요? 아니, 의원님…….

박성준 의원: 아니, 김건희 여사랑 카톡 했는데 그게 총장하고 얘기한 겁니까?

법무부장관 한동훈: 이것 여러 번 얘기한 건데요.

박성준 의원: 아니, 여러 번 이야기……. 상식적으로 이해가 안 되지 않습니까?

법무부장관 한동훈: 아닙니다. 연락되지 않을 때 전화를 연결해 달라고 했던 것이고, 그리고 그 과정에서 그걸 연결해 가지고 서로 대화 나누고 자료를 넣어 드린 겁니다. 그것 이상할 게 하나도 없습니다. 의원님, 상식적으로 생각하기에…….

박성준 의원: 하나만 더 질의할게요. 그러면 한동훈 장관 부인하고 후배 검사가 지금 보고하고 그렇습니까?

법무부장관 한동훈: 의원님, 그게 그렇게 일반화해 가지고 이야기하실 문제는 아니고요.

박성준 의원: 아니, 일반화가 아니라 제가 검사라든가 수사 경찰관에게 물어봤어요. '선배의 부인과 후배가 카톡을 했다. 이걸 어떤 관계라고 봐야 하느냐?', '아주 밀착관계라든가 특수관계로 볼 수밖에 없다' 이렇게 얘기하더군요. 검사였기 때문에 한번 여쭤보는 겁니다.

법무부장관 한동훈: 그걸 굳이 경찰한테까지 물어보셨어요?

박성준 의원: 그 정도 관계라고 하는 것은 특수관계…… 그러면 한번 얘기해 보세요. 어떤 얘기를 한 겁니까, 도대체?

법무부장관 한동훈: 얘기를 하라고 하면서 제 말을 자꾸 막으세요. 얘기를 하라고 하면서 말을 막지 마시고요.

박성준 의원: 하세요. 하세요.

법무부장관 한동훈: 제가 말씀드린 것처럼 이 332회라는 그것 자체가 한 줄 한 줄까지 다 센 거거든요. 그러면 한 번의 대화가, 이게 굉장히 많은 대화의 양이 아니에요. 그리고 그 내용을 가지고 저는 매일 아침에 조국 사건하고 삼성 사건하고 국정농단 사건에 대해서 당시에 좌천 갔음에도, 그럼에도 계속 보고를 하던 상황이었어요.

박성준 의원: 잠깐만, 그러면 제가 질의를 할게요.

법무부장관 한동훈: 거기서 연락이 안 될 때 있어서 몇 번 연락한 게 전부거든요.

박성준 의원: 아니, 제가 질의를 할게요. 답변을 하세요. 잠깐만요. 그러면 윤석열 총장에게 보고하는 차원에서 김건희 여사 휴대전화를 이용했다 이렇게 되는 것 아닙니까?

법무부장관 한동훈: 아니, 제가 전화가 안 될 때 왜 전화 안 받으시냐고 연락한 거예요.

박성준 의원: 잠깐 들어 보세요. 제 얘길 들어 보세요.

법무부장관 한동훈: 아니, 제 말씀을 들으셔야지, 저한테 물어보시면서 왜 제 말씀을 안 들으십니까?

박성준 의원: 그러면 보통의 일반적인 생각을 가졌을 때 김건희 여사가 그 업무수행의, 공무수행에 대한 내용을 다 알고 있는 것 아닙니까?

법무부장관 한동훈: 그렇지 않습니다. 대부분의 경우는…….

박성준 의원: 그렇지가 않다고요? 어떻게 모르는 겁니까?

법무부장관 한동훈: 총장께서 전화를 안 받으시니까 전화를 받게 하라고 제가 그런 식의 얘기를 한 거거든요. 그런 얘기가 왜 이상하지요?

2023년 2월 당시에는 대정부질의에서 보는 것처럼 윤석열 김건희, 한동훈은 그야말로 특수관계로서 동지였다. 한동훈과 김건희는 수시로 카톡을 하는 사이로, 수시로 보고했다는 것이다. 특히 한동훈 장관은 "매일 아침에 조국 사건하고 삼성 사건하고 국정농단 사건에 대해서 당시에 좌천 갔음에도 계속 보고를 하던 상황이었어요."라는 말처럼 김건희를 거쳐 윤석열에게 보고했다고 했다.

업무와 관련된 내용을 김건희는 알고 있다는 것이고, 선배 부인에게 사적인 카톡을 통해 보고한다는 것은 사적 관계인지 공적 관계인지 불분명했다. 일반적인 상식으로는 이해할 수 없는 관계였고, 그만큼 윤석열, 김건희, 한동훈은 매우 가까운 사이였다는 것은 분명한 사실이다. 머지않아 '권력은 나눌 수 없다'는 권력의 일반 원칙을 윤석열·김건희와 한동훈이 그대로 입증했다. 집권한 이후 현재 권력인 윤석열과 미래 권력을 추구하는 한동훈은 필연적으로 멀어질 수밖에 없었고, 이 갈등의 근원에 김건희가 자리잡고 있었다. 한동훈 장관에게 권력의 실세가 권력의 균형을 잃었을 경우 어떤 말로를 맞이하는지 경고하며 질의를 이어갔다.

박성준 의원: 윤석열 대통령이 대선 과정에서 왕(王) 자 쓴 것 알지요?

법무부장관 한동훈: 의원님, 그것 저한테 물어보실 일 아니잖아요, 지금.

박성준 의원: 지금 항간에 그런 얘기를 하는 거예요. 그러면 왕세자가 도대체 누구냐? 세자 책봉했다, 그것은 바로 한동훈 장관 아니겠느냐. 권력의 실세로 지금 다 인정하고 있는 것 아니겠어요?

법무부장관 한동훈: 의원님, 이것 사진까지 만들어 오셨어요? 사진까지 만들어 오신 거예요, 이것 질문하시려고?

권력을 말할 때 권(權)은 저울을 뜻한다. 권력이 한쪽으로 기울어 판단을 잃고 균형을 못 찾으면 무너진다는 의미를 담고 있다. 역대 권력의 실세들은 왜 권력의 뒤안길로 가게 됐는지 되돌아보라고 조언했다. 그 조언이 무색하게 윤석열 정권은 무도하고 무모하고 잔인하게 권력을 휘두르며 내란까지 감행했다. 한동훈은 윤석열 검찰 정권에서 중요한 역할을 한 핵심 인물이었다. 한동훈은 윤석열의 오랜 검찰 측근이자 동지였다. 검찰 시절부터 함께 손발을 맞춰 일했다. 윤석열 대통령의 취임 이후에도 한동훈은 법무부장관으로 임명돼 긴밀한 협력관계를 유지했다. 서로 중요한 정치적 동반자였다. 한동훈은 윤석열 정권의 집권 초기 나는 새도 떨어뜨리는 실세였다. 그러나 윤석열과 한동훈의 관계는 점차 갈등이 악화돼 서로 돌아올 수 없는 사이가 됐다. 윤석열은 한동훈이 자신을 배반했다고 판단하고, 정적으로 보고 제거까지 시도했다. 윤석열은 한동훈을 압박하며 정치적 숙청까지 단행했다. 하지만 한동훈은 내란 국면에서 윤석열 탄핵 카드로 반전의 기회를 노렸다. 둘의 관계는 서로를 인정하지 않고, 탄압하고, 한쪽을 제거해야만 살아남을 수 있는 적대적 관계가 됐고, 결국 정치적으로 함께 몰락의 길을 걸었다. 한동훈 전 법무부장관을 언급하며 떠오르는 사람이 있었다.

② 닉슨의 최측근 존 미첼과 존 딘

닉슨 대통령의 측근을 꼽으라면 존 미첼 법무부장관과 존 딘 법률자문역을 꼽을 수 있을 것이다. 존 미첼은 미국 역사상 최악의 법무부장관으로 평가받는 인물이다. 존 미첼 법무부장관은 어떤 사람인가? 존 미첼(John N. Mitchell)은 1968년과 1972년 대선 캠페인 위원장을 맡았고, 1969년 미국 법무부장관에 임명됐다. 닉슨의 최측근이었다. 존 미첼을 통해 닉슨이 대통령이 되는 과정과 정권의 흥망사를 들여다볼 수 있다.

닉슨은 1968년 대통령선거에서 승리하지만, 당선되기까지 순탄치 않은 길을 걸었다. 1960년 대통령선거에서 케네디에게 패배하고, 그 이후에 주지사선거에서도 패배하다가 어렵게 1968년 대통령에 당선된 것이다. 닉슨은 1968년 대선에서 민주당의 험프리 후보에게 전국 득표율에서 0.7%p 차이로 신승했다. 0.7%는 우리에게도 낯익은 숫자이다. 지난 2022년 20대 대선에서 윤석열 후보와 이재명 후보와의 격차는 전국 득표율에서 0.73%p로 근소한 차이였다. 닉슨도 험프리 후보에게 전국 득표율 0.7%p 차이로 승리한다. 닉슨은 앞선 선거에서 많은 패배를 겪었고, 1968년 대선 역시 쉽지 않은 선거였다는 점을 뼈저리게 느끼고 있었다.

이런 경험은 여론지형에서 우위에 있던 1972년 대통령선거에서도 닉슨의 불안감을 자극했다. 그리고 이러한 불안감은 대선 과정에서 워터게이트 사건이 일어나는 결정적 계기가 됐다. 존 미첼 법무부장관은 워터게이트 사건에 개입한 혐의로 체포되고, 1975년 4년의 징역형을 선고 받고 19개월간 옥살이를 하게 된다. 존 미첼 법무부장관뿐만 아니라 아주 인상적인 인물이 또 한 명 등장한다. 존 딘이라는 닉슨의 법률자문역이다.

존 딘(John Dean)은 1972년 대선에서 워터게이트 사건을 은폐한 결정적인 인물이다. 그러나 수사망이 좁혀오자 상원 청문회에서 모든 것을 털어놓고 특검에 협력했다. 존 딘은 워터게이트 사건의 최전방에서 방패막이로 활동했지만 결정적인 순간이었던 상원 청문회에서 워터게이트 사건에 대한 모든 내용을 공개하게 된다.

1970년 존 딘은 닉슨 대통령에 의해 백악관 법률 고문으로 임명됐다. 존 딘은 유능한 법률가로서 닉슨의 신뢰를 받고 있었다. 존 딘은 워터게이트 사건이 1972년 6월 17일 발생 이후 사건의 심각성을 보고했지만 걷잡을 수 없이 사건이 커지자 진상을 은폐하려는 노력을 기울이고 그 중심 역할을 했다. 은폐 공작에도 깊숙이 개입했다. 그러나 사건의 진상이 조금씩 드러나면서 존 딘은 법적으로, 도덕적으로 궁지에 몰리게 됐다. 특히 닉슨이 꼬리 자르기 차원에서 존 딘을 정리하려는 움직임까지 포착됐다.

제거되고 버려질 수 있다는 두려움에 휩싸인 존 딘은 워터게이트 사건의 진상을 밝히기 위해 자발적으로 상원 워터게이트 청문회에 나가 증언한다. 닉슨 대통령의 은폐 시도를 폭로하며 불법적인 수단을 동원했다고 밝혔다. 닉슨이 백악관 참모들과 대화한 녹음 파일이 존재한다는 사실을 밝힌 존 딘의 증언은 닉슨 대통령이 사임하는 결정적 계기가 됐다. 그 후 존 딘은 법정에서 유죄가 인정돼 징역형을 선고받았으나 자수와 상원에서의 증언으로 형량을 감경받게 된다. 존 딘과 리처드 닉슨은 대선 과정에서는 정치적 동지였으나 워터게이트 사건을 계기로 급격히 변화했고, 아이러니하게도 워터게이트 사건의 내막이 존 딘의 증언을 통해 밝혀지게 된다.

2024년 7월 9일 원내대책회의에서 발언의 핵심은 어제의 동지가 오늘의 적이 되는 사례를 닉슨의 최측근과 윤석열의 최측근을 통해 지적하려 했다. 워터게이트 사건에서 닉슨과 그의 최측근이었던 존 딘이 어떻게 서로 다른 길을 걷게 됐는지 언급하며, 이미 윤석열의 최측근 한동훈과 김건희가 서로 배신의 길을 걷고 있다고 일갈했다. 특히 한동훈은 2024년 총선을 기점으로 확실히 독자노선을 걸었다. 윤석열과 친윤으로부터 반윤으로 낙인찍히는 상황에서 친한계를 만들어 정치적 입지를 구축하고 있었다. 또한 한동훈은 당내 소수파로서 정치적 공간이 좁아드는 가운데 탄핵정국에서 새로운 전기를 마련하려 했다.

그러나 탄핵정국에서 한덕수-한동훈 당정협력(한한 연대)은 '민주주의 회복, 헌정질서 수호'라는 명분보다 정치적 이익을 챙기려는 꼼수였다는 사실이 결정적으로 드러나면서 정치적 입지는 회복하기 어려울 정도로 좁아지게 된다.

가짜 보수 윤석열의 실체:
정진석 대통령비서실장에게 묻다

윤석열 정권은 보수정권을 자임했다. 보수주의를 기반으로 자유라는 가치를 소리높여 외치고 있었다. 그러나 자유를 내세웠던 윤석열 정권은 국민의 기본권인 인권을 억압하고, 표현의 자유를 짓밟고, 정치검찰을 정치 전면에 내세워 야당을 탄압하고 자신의 권력을 공고히하는 수단으로 삼았다. 2024년 8월 27일, 운영위원회 전체회의 현안 질의에서 정진석 대통령비서실장에게 '윤석열 정권이 보수정권인가?'라는 근본적 질의를 했다. 과거 방송국 앵커 시절 2000년 16대 총선 이후 김종필 자유민주연합 총재를 인터뷰한 적이 있었다. 당시 정진석 비서실장은 초선으로 자민련의 대변인을 맡고 있었다. 흔히 한국 보수주의 정치를 논할 때, 가장 먼저 떠오르는 인물이 김종필일 것이다. 그리고 정진석 비서실장은 김종필 총재의 공천을 받고 정계에 입문했는데 과연 김종필의 정치를 이해하고 있는지 따져 물었다.

박성준 의원: 과거에 비서실장님이 초선 의원 당선됐을 때 기억 나실지 모르겠지만 제가 당시 자민련 총재였던 김종필 총재를 특별 인터뷰 하면서 그때 뵀던 기억이 나는데요. 김종필 총재가 한국 보수주의의 원류라고 하는데요. 그 기준을 반추해 봤을 때 과연 윤석열 정권이 보수 정권이 맞느냐 이런 의문이 좀 들어요. 제가 주말에 오늘 운영위를 준비하면서 김종필 증언록과 관련해 중앙일보 전영기 선배의 글을 살펴봤습니다. 큰 맥락을 보니까 김종필은 보수의 원류로서 첫 번째는 인간의 향기가 있었다는 거예요. 정치적 예의와 여유를 갖췄다는 겁니다. 두 번째는 '가슴에 못 박는 원한 정치를 하지 마라'는 것인데요. 우리의 전통적 가치라고 할 수가 있겠지요. 세 번째는 평소에 마음을 드러내지 않다가 순간적으로 돌변하는 것이 민심이다. 민심은 맹수와 같다는 말씀을 남기셨습니다. 네 번째는 김종필 총재가 허업이라는 얘기를 했습니다. 허업이라는 게 허무하다는 얘기가 아니라, 아주 명언

김종필의 정치 언어는 충청도식 화법으로 은유법을 썼고, 내포적이고 함축적인 표현을 즐겨 했다. 비유를 들어 설명하면서 상대가 여유를 가질 수 있는 여백을 뒀다. 특히 직설적인 표현을 하지 않고 우회적 언어로 감정의 절제를 녹여냈다. 함축적인 표현이라 함은 해석의 공간을 열어둠으로써 말과 뜻에 여백을 뒀다는 말이다. 적대적 감정이 표출되지 않는 절제미가 있었기 때문에 소통의 문이 열려 있었다. 그 감정의 절제는 '가슴에 못 박는 원한 정치를 하지 말라'라는 정치 언어를 낳았다. 우리의 전통적인 정치 사상은 원한을 쌓지 말라는 고언이 담겨 있다. 정진석 비서실장을 통해 검찰의 칼을 마구 휘두르는 정치는 '가슴에 못 박는 원한 정치'로 그대로 되돌아오게 된다고 윤석열 정권에 충고한 것이다. 또한 민심은 조련사를 물어뜯는 맹수와 같다는 김종필의 정치 인식을 예로 들어 정진석 비서실장을 통해 민심이 얼마나 무서운지 윤석열에게 경고했다. 민심은 "평소에 마음을 드러내지 않다가 순간적으로 돌변하는 맹수와 같다."는 것이다.

　김종필은 1964년 9월 트루먼 전 미국 대통령을 만나 "사육사가 매일 쓰다듬어 주고 먹여주니까 호랑이는 고마움을 갖고 있겠지. 하지만 천만에, 잘못 발을 밟기라도 하면 큰 입을 벌려 물고 덤비는 게 호랑이오. 나라를 다스리는 사람이 국민을 호랑이로 알고 정치하면 잘 될 것이오."라는 얘기를 듣고 명심했다고 한다.

　윤석열 정권은 민심이 얼마나 무서운지 간과했다. 정진석 비서실장이 김종필의 고언을 가슴에 새겨 윤석열에게 충언했다면 어땠을까? 의미 없는 질문이다. 결국 설령 고언을 했다고 해도 윤석열은 변하지 않았을 것이고, 정진석 비서실장도 그저 자리를 보전하는 데만 급급했을 뿐 민심의 경고에는 귀 기울이지 않았다. 민심을 사육사를 공격하는 호랑이로 묘사한 해리 트루먼 전 미국 대통령의 진심어린 고언을 다시 한번 되돌아보게 된다.

　김종필이 정치를 허업이라고 비유한 것은 은유적 화법으로 정치가 아무것도 아니고 무엇도 남지 않는다는 것을 뜻하지 않는다. 보잘것없이 일이 마무리 되는 것이 아니라 오히려 큰 업적을 만들 수 있고 그러기 위해 어떤 자세를 가져야 하는지 역설적으로 담고 있는 말이다. 정치가 허무한 것이 아닌 보람 있는 일로 만들기 위한 정치인의 덕목을 말하는 것이다.

김종필은 "정치인은 공익을 추구하고 그로 인해 발생하는 효과는 국민이 가져가야 한다. 사업은 자기의 이익을 챙기는 실업이고 정치는 자기 이익을 비우는 허업이다."라고 정의했다. 바로 사적 이익을 채우는 것이 아니라 국가 공동체를 위해 자신의 이익을 비워야 국민이 잘살 수 있고 나라가 발전할 수 있다는 정치 철학을 담고 있다.

정진석 비서실장에게 허업을 강조하며 윤석열 정권은 사익을 추구하지 말고 공익을 추구해 대한민국을 진정으로 발전시키기를 주문했다. 윤석열을 가장 가까이에서 보좌하는 비서실장에게 윤석열 정권의 실정을 꼬집은 것이다.

윤석열은 결국 영구집권을 꿈꾸는 극단적인 사익 추구 정치로 망국의 길을 선택했다. 그 책임은 정진석 비서실장도 비껴갈 수 없고 그 무게로 볼 때 누구보다도 크다고 할 수 있다. 앞으로 수사를 통해 정진석 비서실장도 허업이 아닌 자기 이익을 채우는 사익 정치를 어떤 방식으로 추구했는지 곧 드러나게 될 것이다. 더 나아가 현안 질의에서 정진석 비서실장에게 과연 보수주의를 제대로 이해하고 있는지 묻고 윤석열 정권이 보수 정권이라고 할 수 있는지 논리적 근거를 들어 파고들었다.

박성준 의원: 김종필 총재와의 인연이 생각나서 보수 정치라는 게 뭐냐, 그것을 한번 제가 반추해 봤어요. 윤석열 정권이 보수정권이라고 하는데요, 보수의 의미를 크게 맥락을 볼 때 세 가지로 나눌 수가 있어요. 하나는 전통주의인데요. 그 나라의 역사와 전통에 대한 정체성을 강화하는 거지요. 그러다 보니까 보수주의는 민족공동체를 강조해요. 그런데 이 부분에 있어서 윤석열 정권이 과연 우리나라의 역사성을 인정하고 정통성으로 가느냐에 대한 부분은 저는 퀘스천마크(question mark)다. 보수주의에 벗어나 있다는 거고요. 또 하나는 보수주의의 기본적 가치는 질서주의입니다. 공정한 법질서예요. 그런데 윤석열 정권이 과연 공정한 법질서를 수행하고 있느냐? 너무 많은 얘기들이 나오고 있잖아요. 이 부분을 한번 반추해 보시면 좋겠고요. 세 번째가 진정한 보수주의는 점진적 보수주의, 김종필 총재의 보수주의의 특징은 뭐냐? 보수주의의 점진성이라는 거예요. 그런데 저는 윤석열 정권의 점진적 변화, 새로운 변화라기보다는 퇴행적, 퇴보적인 보수주의 아니겠느냐.

정진석 대통령비서실장: 위원님 말씀대로 저는 지난 1999년 김종필 자민련 총재의 정치 문하생으로 정치 첫발을 내디뎠습니다.

보수주의의 큰 특징은 정진석 비서실장에게 질의한 것처럼 전통주의, 질서주의, 점진주의라고 할 수 있다. 전통주의는 그 나라의 역사와 전통을 기반해 민족을 우위에 둔 국가관을 강조한다. 윤석열 정권은 공산전체주의 이념을 내세우며 대한민국 독립운동가를 부정하는 만행을 서슴없이 저질렀다.

홍범도 장군 흉상 철거는 공산주의라는 해묵은 유령을 소환해 대한민국 근간을 흔든 대표적 사례였다. 역사와 전통, 민족공동체를 강조하는 보수의 전통주의는 윤석열 정권이 공산전체주의 이념 프레임으로 정치 전선을 형성하다 보니 그 자리를 잃고 말았다.

질서주의는 공정한 법질서를 지킬 때 유지되는 것이다. 김건희라는 성역이 버젓이 존재하는 상황에서 우리 국민은 질서주의라는 가치가 대한민국에 존재한다고 생각할 수 있었을까?

공정한 법질서를 상징해야 할 검찰이 오히려 검찰 출신 윤석열과 그의 부인 김건희, 그들을 추종하는 집단을 비호하고 마치 치외법권처럼 성역화 할 때 보수정권이 말하는 질서주의는 모래성에 불과하게 된다.

보수의 점진주의는 급진적 개혁에 반대한다는 의미로 많이 사용되는 정치 언어이다. 윤석열 정권의 의대 정원 2,000명 증원은 세계 어떤 나라에서도 볼 수 없는 급조된 개혁안이었다. 논의와 숙성을 기반으로 공론화 한 후 점진적 보완을 통해 나아가는 것이 아니라 어느 날 갑자기 한탕주의 행태로 만들어진 것이 의대 증원이었다. 그리고 윤석열 정권은 이러한 한탕주의 행태로 말미암아 스스로 보수 기반인 의사들의 지지를 잃게 만드는 결정적 계기가 됐다.

정진석 비서실장은 "김종필 총리에게 배운 보수의 가치는 국가 대의를 위해서 책임을 다하는 것입니다. 윤석열 대통령은 그런 철학과 신념을 지금 제대로 추구하고 있다고 저는 평가하고 싶습니다."라고 질의에 답변했다.

하지만 윤석열 정권은 보수의 핵심가치를 저만치 저버리고 있었다. 국민은 윤석열 정권 아래서 대한민국 역사의 퇴행을 지켜봤다. 국가 대의가 아닌 사익 추구 정치와 가슴에 못박는 원한 정치를 거리낌 없이 저지른 정권이었다. 정치는 국민이 억울하지 않고,

국민의 원망과 원한을 풀어 주면서 국민에게 다가가는 정치를 해야 한다. 정진석 비서실장에게 진심을 다해 고언했다.

> **박성준 의원**: 총선 끝나고 국정 기조를 좀 바꾸고 전환해 야당도 손잡아 주고, 세월호 가족도 손잡아 주고 같이 눈물 흘려 주고 이태원 참사와 오송 참사 희생자 가족들 손 잡아 주면 안 됩니까? 대통령이 그 현장에서? 그런 모습을 원하는 것 아니겠어요? 아까 처음에 얘기한 것처럼 이 정권이 인간에 대한 향기가 안 느껴진다.

윤석열 정권은 사람 냄새, 즉 인간의 향기가 없었다. 윤석열 정권은 2024년 8월 27일 현안 질의를 하는 그 시점까지도 너무나 많은 사람에게 희생을 강요하고 원한이 맺힌 정치를 했다. 윤석열 정권이 꼭 되돌아보도록 정진적 비서실장에게 질의했지만 그 이후 더 민심의 경고를 듣지 않고 퇴행의 퇴행을 거듭하고 내란 쿠데타까지 감행했다.

중대 선거:
민심의 경고

윤석열 정권은 2024년 4월, 22대 총선에서 대패했지만 공식적인 대국민 메시지가 없었다. 총선 결과가 나오고 일주일 후, "윤석열 대통령은 사과할 용기조차 내지 못합니까? 비공개 사과 어처구니가 없습니다."라는 대변인 논평을 냈다.

이름을 밝히지 않은 대통령실 고위관계자가 비공개회의에서 "대통령이 국민의 뜻을 받들지 못해 죄송하다."라고 언급했다. 조금도 반성하지 않는 모습을 보여 놓고 비공개회의에서 "죄송하다."라고 사과했다니 어처구니가 없었다. 여기에 "국민의 심판을 받고도 반성하지 않고 국민을 기만하려고 드는 정권을 국민은 절대로 용서하지 않습니다."라고 경고했다.

더 나아가 첫 영수회담이 열리기 하루 전, 수석대변인으로서 "윤석열 대통령은 총선 민의에 국정 기조 대전환으로 답해야 합니다"라고 논평을 냈다. 국민은 총선을 통해 윤석열의 불통과 일방 독주를 더 이상 용인하지 않겠다는 뜻을 분명히 밝혔다. 윤석열은 정권 출범 이후 국회를 통과한 민생 법안에 거부권을 남발하고 야당과 언론을 탄압하고 민주주의를 훼손하는 데만 몰두했다.

"국민은 윤석열 정권을 심판했고 윤석열에게 국정 기조 대전환을 요구하고 있습니다."라고 전하며 내일 영수회담은 산적한 민생 현안을 해결하고 대내외적 위기를 극복하는 국정 전환의 첫걸음이 되어야 한다고 강조했다.

2024년 4월 29일 영수회담이 열리는 날 아침, 수석대변인으로서 〈CBS라디오 김현정의 뉴스쇼〉에 출연해 국정 기조 전환을 다시 한번 강변했다.

"이번 윤석열 정권 들어서 2년 동안 국민이 바라볼 때 국정이 실종됐다는 거 아니겠어요? 정치가 실종이 됐고. 그 다음에 민생이 파탄 났는데 그 가운데 총선에 정권 심판이 있지 않았습니까? 그러면 국정이 잘못됐다고 국민이 바라본 거 아니에요? 그러면 이

영수회담을 통해서 국정 전환을 하라고 하는 것이 저는 시대적 언명으로 나왔다. 그게 민의의 반영이라고 볼 수 있겠고요. 그러면 대통령은 어떻게 해야 되느냐. 지금 민생 파탄과 국정 기조 대전환에 대해서 답을 내놓는 자리죠. 저는 대통령실에서 잘 듣겠다, 경청하겠다. 그런데 대통령이나 정책 입안자, 정책 수행자들 같은 경우는 어떤 자리인 겁니까? 국민에게 답을 내놓는 자리 아니겠어요? 지금 위기의 상황에서 우리는 이런 일을 하겠다라고 답을 내놔야죠. 특히 대통령께서 이번 영수회담에 많은 얘기가 나오면 실행력을 보여주는 실천의 자리, 실행의 자리, 국민에게 답하는 그런 회담의 자리가 되어야 한다고 봅니다."

예상대로 윤석열 정권은 총선 민심을 수용하지 않고 국정 기조 전환은커녕 독단의 길을 선택했다. 총선 한 달 후 열린 윤석열 대통령의 기자회견은 실망 그 자체였다. 2024년 5월 8일 〈MBC라디오 김종배의 시선집중〉에 출연해 "민심을 수용할 기회를 스스로 걷어찼다."고 일갈했다. 대국민담화문과 기자회견은 지금의 자기 정치 스타일을 유지하려는 선언으로 다가왔기 때문이다. 총선 이후 국무회의 발언과 영수회담, 기자회견에서 나타난 윤석열의 모습을 다음과 같이 정리했다.

ⓒ 뉴스1

인터뷰에서 국민의힘에서 원내대표로 추경호 의원이 선출이 됐는데 어떻게 평가하냐는 질문이 이어졌다.

> "추경호 원내대표는 정치 경험도 아주 풍부하시고요. 또 장관도 하셨고 그 이전에 이미 원내수석의 경험이 있지 않습니까? 그런데 저는 이런 생각이 들더라고요. 항상 국민의힘 여당의 모습을 보면 위기라든가 민심이 상당히 어려운 국면에 있을 때는 꼭 TK 지역으로 가요. 결국은 TK지역인 추경호 의원을 원내대표로 했다는 것은 확장성보다는 수세적인 모습, 방어적 모습으로 가겠다는 생각이 들어요."

여당인 국민의힘은 기본적으로 열린 자세로 민심의 바다로 가야 한다. 그런데 국민의힘은 윤석열과 한 배를 타고 민심을 거스르고, 자신들의 권력을 유지하는 데 급급했다. 이런 가운데 추경호 원내대표가 원내대표로서 대통령실에 대해 어느 정도 독자적인 목소리를 내고, 실질적인 주도권을 가질 수 있겠냐라고 의문표를 던졌다. "지역적으로 TK 출신이다 보니까 한계가 더 있을 수 있다.”라고 했다.

추경호 원내대표에 대한 우려는 현실이 됐다. 여야 협상 과정에서 실질적 결정권이 없다는 것을 그대로 드러냈다. 상명하복의 관료 출신 한계는 12.3 내란 과정에서 여실히 드러났다. 추경호 원내대표는 국회 본회의장이 계엄군에 침탈되는 내란 상황에서, 국회에 있으면서도 비상계엄 해제 결의안 표결에 참여하지 않았다. 심지어 의원총회 장소를 여러 번 바꾸기까지 해, 내란에 동조한 것은 아닌지? 의심을 사기에 충분했다. 특검 수사를 통해 추경호 원내대표의 미심쩍은 행적은 드러날 것으로 보인다.

민심은 이미 윤석열 정권에 철퇴를 가했다. 그럼에도 윤석열과 국민의힘은 국민의 명령을 거부했다. 2024년 6월 5일(수) 국회 본회의 자유발언을 통해 윤석열과 국민의힘에게 경고했지만 국민 위에 군림하려는 오만한 태도로 일관했다.

"이번 총선의 민의가 무엇이었습니까? 윤석열 정권, 검찰 정권이 과도하게 무능하고 무책임하고 무도한 정권이었고 독선과 독주, 독단을 해왔던 정권이기 때문에 국민이 심판했던 것 아닙니까? ……민주주의에서 가장 큰 역할 중 하나가 국민의 뜻을 받들어 대

빌 클린턴 전 대통령의 전략가였던 딕 모리스는 대중이 가장 싫어하는 세 가지로 극단과 분열, 그리고 무능을 언급하고 있다. 윤석열 정권은 반대 세력을 공산 전체주의로 몰며 극단화 했고, 지역 간/ 세대 간/ 계층 간 갈라치기를 하며 분열로 치달았고, 국정은 무능했다. 더욱이 오만하기까지 했다. 대중이 가장 싫어하는 모든 조건을 갖췄다고 해도 과언이 아니었다. 오만한 태도로 대중에게 다가갈 때 얼마 지나지 않아 집권 세력은 붕괴하기 마련이다. 이 평범한 법칙을 윤석열은 무시했다. 민심을 수용하지 않은 정권은 몰락을 재촉하기 마련이다.

선거 결과에 따라 일상 선거(usual election)와 중대 선거(critical election)로 나눈다. 중대 선거는 민심의 확실한 변화를 읽을 수 있고, 선거 결과에 따른 큰 전환점이 일어나는 선거이다. 커다란 민심의 추이를 말해주는 중대 선거를 그냥 무시하고 지나칠 경우 어떤 결과를 초래하는지 살펴볼 필요가 있다.

1978년 제10대 국회의원 선거 결과를 보면 지역구는 여당인 민주공화당이 68석, 야당인 신민당이 61석을 차지했다. 좀 더 세부적으로 살펴보면 의석수는 야당이 적었지만 역대 선거사상 처음으로 야당의 득표율이 여당의 득표율을 앞선 선거로 한국 정치사에 큰 전환을 이룬 선거였다.

여당인 민주공화당이 31.7%, 야당인 신민당이 32.8%를 얻어 야당이 득표율 1.1%를 앞섰다. 국회의원 선거사상 초유의 일로 민심은 박정희 유신정권에게 강력한 경고 메시지를 보낸 셈이었다. 그러나 박정희 정권은 민심을 거부했다. 오히려 1979년 김영삼 신민당 총재에 대한 의원직 제명까지 하며 독재를 더욱 강화해나갔다. 민심의 도도한 물결은 부마항쟁 등 민주화 운동이 이어지며 유신정권의 몰락을 가져왔다.

1985년 제12대 국회의원 선거에서 신한민주당 돌풍이 일어났다. 서울 28석 중 야당인 신한민주당 14석, 여당인 민주정의당 13석으로 서울 민심이 전두환 정권에 등을 돌린 것이다. 전두환 정권 역시 자신들을 향한 민심의 심판을 무시했다. 결국 그 이후 민심의 저항이 일어나고 6월 항쟁과 6.29선언으로 이어지는 가운데 전두환 정권은 무너져 내렸다.

2016년 20대 국회의원 선거 결과 더불어민주당 123석, 새누리당 122석, 국민의당 38석, 정의당 6석, 무소속 11석으로 나타났다. 더불어민주당은 호남의 의석 대부분을 국민의당에 내줬음에도 수도권 압승을 기반으로 근소한 차이로 1당을 차지했다. 야권이 분열하지 않았다면 단독 과반을 훌쩍 넘을 정도로 당시 여당인 새누리당은 참패한 것이다. 그러나 민심을 수용하지 않은 박근혜 대통령은 결국 총선 11개월 후 탄핵된다.

2024년 7월 3일, 국회 본회의 대정부질문 의사진행발언을 통해 중대 선거 사례를 들어 총선의 민심을 되돌아보고 국정 기조를 전환하라고 윤석열 정권에 강력하게 경고한다.

"우리는 22대 국회에서 당선된 사람들입니다. 그럼 22대 총선의 의미와 민심을 한번 되살펴볼 필요가 있죠. 역대 선거 중 1978년 제10대 국회의원 선거 결과를 보면, 그 당시 군사정부였는데도 최초로 야당 득표율이 여당의 득표율을 앞섭니다. 국민이 박정희 정권에게 강력한 경고를 한 것입니다. 그럼에도 김영삼 신민당 대표를 제명하면서 유신정권은 몰락의 길로 갔습니다. 1985

년도 총선에선 신한민주당의 서울 돌풍이 일어납니다. 전두환 정권의 통치에 우리 국민이 강력한 경고를 내렸는데도 받아들이지 않은 결과, 6월 항쟁이 일어나고 그 이후 1988년 선거에서 최초의 여소야대 정국, 청문회 정국이 등장합니다. 5공 청문회, 언론 장악 청문회, 그리고 광주 민주화 항쟁에 대한 청문회를 하면서도 국민이 강력하게 경고하지 않았습니까? 여러분이 잘 아는 박근혜 정권 어땠습니까? 2016년 총선에서 민주당에 123석, 국민의힘 전신인 한나라당은 122석, 국민의당은 38석 줘서 경고했지만, 박근혜 정부가 그 민심을 받지 않아서 몰락한 것 아니겠습니까? 22대 총선 때는 최초의 야당 단독 과반으로 민심이 '이대로는 안 된다', '국정 기조를 전환해라', '변화해라'라는 경고를 한 것입니다."

중대 선거의 민심을 거부한 박정희, 전두환, 박근혜의 길을 윤석열이 따라가고 있었다. 윤석열은 2024년 4월 총선에서 패배했지만 국정 기조를 전환하라는 민심을 거부하고, 12.3 비상계엄을 통한 영구집권을 꿈꾸며 내란 쿠데타를 했다. 그리고 민심의 준엄 경고를 무시한 윤석열은 2025년 4월 4일, 탄핵됐다.

대선 승리를 위한
정무적 판단

비열한 전쟁과 워룸:
사법 내란에 맞서다

21대 대통령선거에서 이재명 더불어민주당 대통령 후보의 직속 기구인 정무2실장으로서 역할을 했다. 정무2실은 정세 판단과 현안 대응 그리고 선거 기획의 업무를 수행했다. 후보와 선대위의 정무·정책을 지원하고 주요 전략 과제를 제안한다. 또한 선제적 대응이 필요한 정무·정책 아젠다를 발굴하고 실행 방안을 마련했다.

특히 선대위 내 주요 본부(위원회) 간 정무적 조율도 매우 중요한 일이었고, 유기적 협력체계를 구축하기 위해 힘을 기울였다. 이를 위해 이재명 후보와 경쟁 후보의 활동 일체와 언론 동향을 실시간 모니터링하고 분석해야 한다. 그리고 그에 따른 전략적 대응 방안을 수립하고 제시해야 한다. 이재명 후보의 일정을 고려하고 시기를 조율하고 여론 동향을 분석해 일어날 수 있는 상황을 전망해 사전 대응 방안을 마련하는 것도 매우 중요한 일이었다. 정무2실장으로서 대선에서 어떤 역할을 했는지, 사례를 들어 설명하는 것이 이해하기 쉬울 것 같다.

첫째, 21대 대선을 어떻게 규정했는지, 둘째, 대선 과정에서 조희대 사법 쿠데타에 대해 어떤 대응 전략을 마련했는지, 셋째, 이재명 후보에게 왜 기자회견을 제안했는지, 넷째, 대통령선거 전날 마지막 유세 장소를 여의도로 결정하고 애국가 4절을 부르게 됐는지, 정무2실장의 활동을 정리해봤다.

먼저 21대 대통령선거를 어떻게 규정할 것인가에서 출발했다. 한마디로 "이번 대선은 비열한 전쟁(dirty war)"으로 규정했다. 12.3 내란에 이어 5.1 사법 내란은 그 자체로 헌정질서 파괴였고, '이재명 죽이기' 의도가 명확하게 드러나는 상황이었다. 검찰과 사법부까지 대선에 참전하는 '비열한 전쟁'에서 이재명 후보를 지켜내는 것이 선대위의 최우선 과제가 돼야 한다고 강조했다. 비상 상황에 걸맞은 강경하고 신속한 대응이 필요했고 총력전을 수행하는 자세로 선거 대응을 했다.

대통령선거에서 더불어민주당 원내지도부가 워룸(war room)이 되어 신속 대응 체제를 구축하고 혹시 모를 비상 상황이 발생하면 언제든지 국회를 열 수 있도록 준비했다. 5.1 사법 내란은 대법원이 사실상 정치 플레이어로 참가한 것으로 유례없는 속도전 끝에 파기환송이라는 선전포고를 한 비상 상황이었다. 즉시, 원내가 신속 기동대가 돼 국회에서 상시 비상 대응 체제를 마련했다. 특히 원내는 대법원장과 대법관, 서울고법 판사에 대한 탄핵이 신속하게 이뤄질 수 있도록 철저하게 준비하고 있었다.

21대 대통령선거가 역대 대통령선거와 다른 큰 차이점은 대선 마지막까지 원내지도부가 워룸을 이끌었다는 것이다. 조희대의 대법원이 속도전으로 이재명 후보 제거 작업에 돌입했기 때문에 원내지도부가 신속하게 조희대 탄핵 등을 준비할 수밖에 없는 상황으로 내몰리고 있었다.

사법 쿠데타는 윤석열 내란에 이어 조희대 대법원의 대선 개입이 이뤄지는 상황으로 매우 심각했다. 윤석열이 임명한 10명의 윤석열 키즈(kids) 정치 판사들이 대선 한복판으로 들어오고 있는 상황이었다. 따라서 21대 대선을 역대 대통령선거와 확연히 다른 양상을 보이는 불공정한 비상 상황에서 벌어지는 선거로 규정한 것이다. 이에 전국을 누비는 지상전 위주의 전략이 아닌 내란 세력과의 전면전을 수행하는 공중전으로 기획하는 것이 필요했다.

그리고 급기야 대법관을 포함한 사법부 판사들에 대한 탄핵 시나리오까지 제안하기에 이르렀다.

더 나아가 이재명 후보에게 사법 내란 관련 긴급 기자회견이 필요하다고 건의했다. 대선이 진행되는 과정에 사법 내란이 발생했기 때문에 지지층 안심시키고 중도층 이탈을 방지할 필요가 있었기 때문이다. 그리고 현재 상황이 내란의 연장이고 비열한 전쟁이라고 규정할 필요가 있고, 또한 선대위가 일사불란하게 대응할 수 있도록 경각심을 줄 필요가 있었기 때문에 기자회견을 제안드렸다.

5월 4일(일) 오후 4시, 비상의총을 개최한 자리에서 민주당 의원들은 비상 상황을 단일대오로 돌파해야 한다고 의지를 다졌다. 시민사회와 연대해 '5.1 사법 내란' 규탄 광장 집회 및 비상행동에 돌입도 계획했다. 서울고등법원 앞 릴레이 기자회견을 준비했다. 선거 캠페인의 기조와 함께 후보자 일정도 변화할 필요가 있었다. 원내는 체계적으로 원내 대응 수위를 강화하기 위해 다음과 같이 준비했다.

1. 대선 개입을 하고 있는 조희대 대법원장과 대법관, 연구관 현
   안 청문회 추진
2. 조희대 대법원장 탄핵 검토
3. 심우정 탄핵 조사 청문회 추진
4. 사법 개혁(대법관 증원), 형사소송법 개정(헌법84조), 공직선
   거법 개정 등 추진

대통령 후보 등록 전까지 서울고법의 파기환송심 신속 진행으로 사법부에 의한 '유죄', '범죄자' 프레임 강화를 시도할 것으로 예상됐다. 이번 대선은 후보 간 경쟁의 성격을 뛰어넘어 내란·기득권 세력에게는 사활이 걸린 문제였다. 대선 결과에 따라 내란·기득권 세력들은 천국과 지옥의 차이를 겪을 것은 불을 보듯 뻔한 것이었다. 그래서 사법부까지 이재명 후보를 범죄자 프레임을 씌워 대선에 참전하게 만들었다고 볼 수 있다. 이 점은 그 누구도 부인할 수 없을 것이다.

이재명 후보의 대통령 당선을 상상만 하더라도 내란 세력에게는 공포심으로 다가왔을 것이다. 이재명 후보 제거 작전만이 그들의 유일한 선거 전략이자 방법이었다. 여기에 동원된 방식은 그 누구도 생각하지 못한 비상식적 사법 쿠데타였다.

비상 상황이 전개되는 가운데 5월 4일 비상의원총회는 세 시간 정도 진행됐고, 다음날 5월 5일 〈MBC라디오 김종배의 시선집중〉에 출연해 인터뷰를 했다.

핵심은 조희대 탄핵 여부였다.

진행자: 분위기가 어땠습니까?[10]

박성준: 긴장하고요. 지금 상황이 심각하다고 하는 부분, 특히 대법원, 조희대 대법원이 지금 대선의 한복판에 오히려 선수로 뛰는 대선 개입과 정치 개입에 대해서 모든 의원님들이 같은 생각을 갖고 있었습니다.

진행자: 그 부분에 대해서는 인식이 똑같았다?

박성준: 그렇죠. 인식은 공유하고 있는데 추후에 어떻게 할 것이냐에 대한 부분에 대해서는 크게 몇 가지 나눠졌는데 그래도 많은 의원님이 공감대를 형성하고 있어서 추후에 이러한 모든 대처

---

10 2025.5.5., MBC 라디오 〈김종배의 시선집중〉, "민주당, 조희대 탄핵 '보류'…파기환송 후폭풍 향방은? - 박성준 더불어민주당 원내수석부대표"

방안에 대해서는 지도부에 일임하는 것이 좋겠다는 의견이었습니다.

진행자: 조희대 대법원장에 대한 탄핵 추진 이야기가 나왔잖아요. 근데 어제 의원총회에서 일단 보류하기로 결정했다는데.

박성준: 보류라는 표현은 아니고요.

진행자: 아닙니까? 보도는 다 그렇게 나왔는데요. 그럼 뭐예요? 정확히.

박성준: 보류라는 개념보다는 모든 가능성에 대해서 지도부에게 일임해서 추후에 대법원과 고등법원이 위헌적, 위법적 행태를 이어간다고 하면, 당연히 여기에 대해서 미리 경고하고, 가능성을 열어놓고 탄핵까지도 고려해야 되는 거 아니냐는 의견이 있었습니다.

진행자: 그러면 여전히 검토 대상으로 올려놓는다, 보류가 아니라.

박성준: 예.

진행자: 그럼 언제라도 꺼내 들어서 추진할 수 있다?

박성준: 그건 왜 그러냐면 지도부에게 일임할 수밖에 없는 것이 본회의 일정이라든가 시기 방법에 대한 부분이 있기 때문에 그걸 다 의원총회에서 하나하나 결정할 수 없는 거 아니겠습니까? 그

렇기 때문에 가능성을 다 열어놓고 그런 가운데 지도부에게 일임 해서, 그러면서 또 하나는 대법원은 지금의 대선 열차가 진행되는 과정에서 손을 떼라, 정치 개입하지 마라, 대선 개입하지 말라는 말씀을 드리는 겁니다. 비상의원총회에서 조희대 탄핵과 관련된 여러 의견이 있었지만 모든 가능성을 열어놓고 지도부에게 일임하는 것으로 의견이 모아졌다. 당시에 조희대 대법원장에 대한 청문회와 국정조사, 특검과 탄핵에 대한 의견 제시도 있었다

진행자: 그러면 조희대 대법원장에 대한 청문회나 국정조사 같은 경우는 어떻게 되는 겁니까?

박성준: 그것도 열어놔야 된다는 거죠. 왜 그러냐면 국회에서 할 수 있는 방법이라고 하는 것이, 김 앵커님도 잘 알듯이 입법 사법 행정이라고 했을 경우에 사법부가 월권을 하고 직권남용하고 위헌·위법한 행동을 했을 경우에 이것을 견제할 수 있는 방법이 어디 있겠습니까. 사법부 자체의 감찰 기능도 거의 없는 거 아니겠습니까? 그렇다고 하면 국회, 선출된 권력인 입법부가 사법부를 견제할 수밖에 없는데 그 방법 중 하나가 일단은 법사위에서 청문회를 열 수 있는 거 아니겠습니까? 청문회, 그 이후에 이것을 토대로 해서 국정조사, 더 나아가서는 특검에 대한 고려, 그리고 국회가 갖고 있는 권한을 행사하는 탄핵까지 다 고려한다는 그런 말씀입니다.

조희대 대법원장의 대법원은 이재명 후보에 대한 선거법 재판을 속도전으로 진행했다. 주심을 정하고 대법관들이 첫 심리를 한 지 단 9일 만에 선고했다. 유력한 대선 후보이고 다른 후보에 비해서 월등한 대선 지지율을 보이고 있는 후보에 대해 전례 없는 속도전을 펼쳤다.

조희대 대법원이 대선에 개입하고 있다는 방증이었다. 민주주의의 기본 원리인 국민의 선택권을 대법원이 빼앗고 있었다. 6~7만 쪽에 달하는 자료를 불과 며칠 만에 볼 수 있었느냐라는 질문에 대법원은 답을 내놓지 못했다. 국민 선택의 시간이 이미 진행되고 있는 상황에서 국민의 선택권을 박탈하는 부분에 대해서 국민은 납득하지 못하고 있었다. 이러한 상식 밖의 결정이 이뤄지고 있는 것은 결국, 조희대 대법원장의 주도로 이뤄지고 있을 것으로 보고 인터뷰를 이어갔다.

박성준: 조희대 대법원장의 지휘권이죠. 예를 들면 작전지휘권을 행사했다고 볼 수가 있는 거죠.

진행자: 작전지휘권?

박성준: 예. 조희대 대법원장이 지금까지 어떤 삶의 과정이라든

조희대 대법원장의 작전지휘하에 대법원이 선봉에 나서 대선 한복판에 뛰어들어 이재명 제거 작업을 펼치고 있다고 볼 수밖에 없었다. 이재명 후보의 유죄를 확정시켜 후보 자격을 박탈시키는 것이 제1의 목표였다. 대법원의 대선 개입에 대해 민주당은 정치적 결단을 해야 하는 시험대 위에 서게 됐다. 왜냐하면 사법부가 본연의 기능에서 벗어나 재판으로 정치 개입과 대선 개입을 하는 부분에 대해 견제와 비판할 수 있는 기관이 입법부밖에 없었기 때문이다. 입법부, 국회의 다수당인 민주당에게는 결단의 시기가 도래했다.

정무2실은 사법부의 노림수에 대해 대응 가능한 시나리오를 마련하고 적극 추진했다. 선거 캠프는 공중전을 통해 지지층이 결집할 수 있는 유인을 계속적으로 제공하고, 동시에 후보는 중원을 확장하기 위해 강하게 치고 나아가야 했다. 우리가 기대고 믿을 곳은 결국 국민밖에 없었다. 또한 강한 투쟁만이 돌파구를 찾을 수 있는 유일한 방법이었다.

이재명 후보는 사법 쿠데타 상황에서 어떤 행보를 보여야 할까? 후보의 행보는 중도 확장으로, 지지층 결집은 공중전을 더욱 강화하는 방향으로 설정해야 한다고 제안했다. 사법 쿠데타의 종결은 국민의 압도적 지지를 받을 때 확실히 종지부를 찍을 수 있다. 안정감 있는 후보로서, 핍박과 제거 시도에도 꿋꿋이 대한민국의 정상화를 위해 일할 수 있는 후보의 모습을 보여줄 때 쿠데타를 완전하게 종식시킬 수 있기 때문이다.

여론 변화의 분기점:
이재명 후보의 기자회견

① 5월 25일 기자회견

대통령 선거가 막바지에 접어드는 상황에서 가장 크게 논쟁이 됐던 사안 중 하나가 기자회견을 할 것인가에 대한 여부였다. '이재명 후보의 지역유세 일정이 촘촘하게 짜여진 상황에서 기자회견을 하는 것이 맞느냐? 정무적으로 판단할 때 대선 한복판에 후보가 정치 최전선으로 나오는 것이 맞느냐? 후보는 지상전으로 지역 곳곳을 다니며 지지를 호소하는 것이 현 시점에서 적절한 것이 아니냐?' 등 이재명 후보의 일정에서 기자회견의 수용 여부였다.

정무2실장으로서 기자회견을 해야 한다는 입장을 분명하게 전달했다. 그리고 이재명 후보가 의견을 수용해 2025년 5월 25일 오전 11시 당사에서 기자회견이 열렸다. 정무2실에서 여러 논의를 거쳐 이미 기자회견에 대한 컨셉과 무엇을 담을지는 충분히 정리가 되어 있었다.

기자회견의 핵심은 이번 대통령 선거의 본질을 알리는 데 있었다. 바로 위기의 대한민국을 바로 세우는 것이 핵심으로 단순히 대통령을 선출하는 절차를 넘어, 민주공화국 대한민국을 바로 세우는 역사적 기회임을 분명히 해야 한다는 점을 강조했다. 정리하면 다음과 같다.

1. 헌정체제의 수호라는 정치적, 역사적 의의를 환기

- 내란 세력에 의해 무너진 헌정질서를 회복하는 것 자체가 정치의 본질이며, 유권자의 책무임을 강조 "이번 선거는 윤석열 정권 심판 선거이자, 내란 세력 척결을 통해 헌법과 공화국을 되살리는 선거"라는 인식 확산 필요

2. 시민의 정치적 책임과 참여가 진정한 공화국을 만든다는 사실을 강조

- 민주공화국은 국민이 스스로 주권자로서 권리를 행사해 공적
  행위자를 선출하는 체제
- 국민이 정치적 무관심과 회피를 넘어 주권자의 책임을 회복할
  때, 국가의 방향도 달라짐
- 자유와 평등의 국가적 가치를 스스로 무너뜨린 시민으로서의
  책무를 다시 세우는 것이 바로 정권 교체

3. 내란 세력의 실체와 구조적 특권을 고발
- 오늘의 내란은 단순히 물리적 충돌이 아닌 헌정질서를 파괴한
  기획된 정치 범죄
- 국가 엘리트층의 무책임, 권리 독점, 공적 책임 회피 등을 지적
  하고, 그것이 현재의 왜곡된 사회 구조로 이어졌음을 설명
- '국가가 가르치고 생계까지 보장해 준 것을 특권으로 알고 국가
  를 부정한 자들'의 오만과 위선
- 주권의 의지는 스스로 부정할 수 없는 의지, 내란 세력은 주권
  자를 부정한 자라는 의미 부여

다음으로 정해야 할 것은 대선을 불과 9일 앞둔 시점에서 이재

명 후보가 어떤 스탠스로 선거에 임해야 하는가였다. 국민이 지켜보는 가운데 대통령 후보로서 국민에게 어떻게 비춰질 것인가? 국민의 대통령으로서 무엇을 보여줄 것인가? 크게 세 가지로 나눠 제안드렸다.

1. 민주공화국의 공적 행위자로서 대통령의 자질은 '명민함'과 '공명정대함'임을 강조
- 명민함은 단순히 공부를 잘하는 것이 아니라, 국가의 위기를 진단하고 국민과 국가가 나아갈 방향을 정확히 아는 능력
- 공명정대함은 공적 가치를 위해 어떻게 실행할 것인지를 알고 실제로 실행에 옮길 수 있는 태도

2. 후보는 긍정/부정 프레임을 넘는 태도를 유지해야 함
- 여론조사 수치에 대한 평가나 분석은 선대위에서 실시, 후보는 직접 언급하지 않음, 의미 부여 안 함
- 오직 미래세대를 위해 민주공화국을 회복하고, 모두가 공정하게 대우받는 나라를 만들기 위한 비전에 중심을 둘 것

기자회견의 핵심 키워드와 정책 메시지는 "IMF 환란 이후 최대의 위기입니다. 위기 극복의 도구로 이재명을 써주십시오!"로 이재명 후보를 꼭 선택해달라고 간절하게 호소하는 내용을 담았다. 또한 이재명 정부가 출범한다면 어떤 정책을 추구할지를 좀 더 명확하게 대국민 메시지로 전달할 필요가 있다는 점을 강조했다.

- 인수위 없는 정부 출범, 여당 171석 기반으로 국정 안정 가능
- 소년공 출신에서 행정가, 당대표까지 모두 경험한 입증된 리더
- 준비된 대통령 이재명만이 국가적 역량을 집결시켜 내외의 위기 극복 가능

2. 국정 제1 과제: 대한민국 위기 극복

- 국난 수준의 위기 인식: IMF에 버금가는 위기 상황. 비상한 대응 필요, 리더는 국민 공감 위에 정확한 방향 제시와 자원 동원 역할
- 국정 최우선 과제: '경제와 안보 정상화' '국민의 불안 해소와 대외 신뢰 회복'
- 헌정 수호, 민주 세력과 함께 작금의 위기 극복을 위한 '국민 내각'을 구성
- 이재명의 정부는 오직 능력을 기준으로 진영을 넘어 최선의 인물 중용
- 국가 안보, 관세 전쟁, 양극화 해소 등 핵심 과제를 초당적 협력으로 해결, 위기를 신속히 극복하고 번영의 길을 열어낼 것

3. 경제 위기 극복을 위한 추경안 제시

- 마이너스 성장, 경제 위기 증폭, 긴급한 조치 필요, 50조 원 +
  α 규모
- 경기 부양을 위한 과감하고 신속한 재정정책, 승수효과 높은
  투자 중심
- 건설·인프라 투자 확대, 지역화폐 지급 병행
- 호남·PK 등 지역 경제 위기 극복 위한 국가적 투자 필요성 강조

4. AI 100조 투자 + 국민 통합 → 1인당 국민소득 5만 달러 시대 개막

- 현재 3만 6100달러(IMF, 2024)에서 획기적 도약
- AI 및 첨단산업에 100조 원 투자 계획
- 전 국민의 역량을 모아 국가적 재도약 추진

5. 여야 협치와 국민 합의로 '새 헌법' 제정 → 진짜 국민주권 시대 실현

- 형식적 민주주의를 넘어서 실질적 주권 회복을 제도화
- 정치·경제·사회 시스템 전반의 개혁 계기 마련

6. 내란 세력 척결, 항구적 민군화합 실현

- 야밤에 국민의 군대를 동원해 국민과 대결시킨 내란 세력을
  반드시 청산, 관련 법과 제도를 손질하여 내란의 근본 원인까
  지 말소
- 민주적 통제를 바탕으로 항구적 민군 화합의 기반을 구축

7. 민생주의 경제

- 가정 경제·국가 경제 회복과 성장을 최우선으로
- 기업의 자율성 보장과 공헌 유도, 직업 구조 재편 지원

8. 법치주의 사회

- 신상필벌, 공정무사한 기준 회복, 검찰 개혁, 사법 혁신
- 사회 안전망(치안 등) 강화와 헌법재판소 위상 재조정

9. 의회주의 정치

- 행정부 견제를 위한 입법부의 고유 권한과 위상 존중
- 입법부의 대표성 보장을 위한 제도 개선
- 입법과 행정의 정합성을 위한 소통과 대화의 정례화

10. K-문화 진흥과 공교육 혁신

- 문화 생산자 한류 정부 지원 강화 및 자율성 보장, 창작 환경 마
  련

- 공교육 정상화, 시민교육 강화

- 교육문화비서관 설치, 국가교육위원회 재편 등 조직 개편 포함

11. 실용주의 외교

- 평화·안보 선순환, 더 튼튼해지는 실리적 한미동맹, 북방경제
  공동체 추진 → 한반도 평화 정착

12. 국민의 선택은 자신의 삶을 결정하는 책무, 사전투표부터 반드시 투표해야

- 투표는 자신의 현재를 지키고 자녀의 미래를 설계하는 '어른'
  의 역사적 책무

- 민주공화국을 다시 세우는 국민 각자의 '실천적 결단'

- 사전투표부터 반드시 참여해 민주공화국을 다시 일으켜 세울
  권리 행사 해주길 호소

정무2실장으로서 이재명 후보의 기자회견 자료를 충실히 준비해 후보 메시지 팀장에게 전달했다. 이재명 후보는 2025년 5월 25일 오전 11시 더불어민주당 중앙당사 2층 브리핑룸에서 기자간담회를 갖고 모두발언을 했다.

이재명 후보는 기자회견문에서 "대한민국의 명운을 가를 21대 대선이 어느덧 9일 앞으로 다가왔습니다."라며, "이번 대선은 단순한 정권 교체가 아닙니다. 민주공화국 대한민국을 바로 세우는 선거입니다."라고 규정했다. IMF 위기에 버금가는 국난을 극복할 수 있느냐를 결정하는 선거라는 것이다.

"대한민국이 미래로 나아갈 것인가, 지금처럼 계속 과거로 퇴행할 것인가를 결정하는 절체절명의 순간"이라는 상황 인식에서 "다시는 국민에게 총칼을 들이미는 무도한 권력이 등장하지 않도록 내란을 완전히 종식하고, 철저히 단죄해야 합니다."라고 내란 종식이 국정과제라는 것을 명확히 선언했다.

민생경제의 위기에서 "제가 만약 국민의 선택을 받게 된다면, 가장 먼저 대통령이 지휘하는 '비상경제대응 TF'를 구성할 것입니다."라며 내수 침체에 적극 대응할 것이라고 약속했다. 또한 스스로 창조하는 힘을 기르는 '진짜 성장'으로 나아가기 위해 AI나 딥테크 같은 첨단산업과 미래기술에 대한 전폭적인 투자와 에너지

대전환에 대응할 에너지 고속도로 정책을 추진해 경제 강국의 길을 열어 가겠다고 정책 비전을 제시했다. 코리아 디스카운트를 해소하고 자유롭고 공정한 자본시장을 구축해서 코스피 5000시대를 열겠다는 청사진도 제시했다.

외교에서도 "굳건한 한미동맹을 기반으로 한국을 중심으로 한 '국익 중심의 실용외교'로 대한민국 외교의 지평을 넓히고 흔들리지 않는 평화를 구축하겠습니다."라며 실용외교의 큰 틀을 제시했다.

더 나아가 "국민이 주인 되는 '국민주권 정부', 작은 차이를 넘어 위대한 대한민국으로 나아갈 '국민통합 정부'를 꾸리겠습니다."라는 국정철학까지 담아 대국민 메시지를 확실하게 표현했다.

이처럼 선거를 9일을 남겨놓고 대국민에게 이재명 후의 국정 청사진을 다시 알릴 필요가 있었다. 모두발언 이후 기자들의 질문이 이어졌다. 이재명 후보는 현안에 대한 입장을 분명히 밝히고 민주공화국 대한민국을 바로 세울 수 있는 사람이 누구인지 확실하게 보여줬다. 그리고 국정 비전을 제시해 성공적으로 마칠 수 있었다. 기자들은 누가 이재명 후보에게 기자회견을 제안했는지에 큰 관심을 보였다. 정무2실장으로서 직접 제안했다고 자신 있게 밝혔다.

② 6월 2일 대국민담화

정무2실에서는 한 번 더 기자회견을 기획했다. 대선을 앞둔 마지막 휴일, 사전투표가 끝난 시점에 한 번 더 기자회견이 필요하다는 인식을 함께하고 준비했다. "한 번만 더 생각해 주십시오. 지금은 이재명입니다."라는 슬로건으로 기자회견의 필요성을 후보실 회의에서 보고했다.

※ 기자회견 필요성과 목적

1. 6월 1일(일) 후보님 마지막 기자회견 전략적으로 반드시 필요

2. 사전투표율 상승→ 지지층 이완 예상

- 본투표에 참여해야 하는 지지자 이탈 방지

- 마지막까지 선택을 유보한 유권자들의 정서적 결단을 이끌어 내기 위해 반드시 기자회견 필요

3. 이번 기자회견은 선거를 앞둔 마지막 공식 메시지이자, 사실상 대국민 담화 형식의 절실한 호소로 구성되어야 함

- 사전투표율이 상승했지만(40%대 예상), 이는 오히려 본투표 참여율 저하로 이어질 가능성 있음. 실제로 지난 대선에서도

사전투표율 대폭 상승 후, 본투표 이완 현상 발생, 이를 방지하기 위한 지지층 결집 및 행동 메시지 절실

- 여론조사 분석에 따르면, 면접 조사에서 다회 질문 시 이재명 후보 선택이 늘어나는 경향(지지자 없음→ 이재명 지지). 이는 판단을 유보한 잠재적 지지층이 존재함을 의미(갭이 5~10% 가량 있는 것으로 추정)
- 유보층의 결단을 이끌어내기 위해선 단호하면서도 진심 어린 호소형 메시지가 필요

※ 결론

- '지지층 결집'과 '최종 유보층 설득'이라는 두 전략 목표를 함께 이행하기 위한 마지막 장치로써 기자회견은 반드시 진행되어야 함
- 또한 역대 대선에서 모든 대통령 후보들이 본투표 직전에 기자회견을 해왔음(지난 20대 대선만 예외) 이번 대선의 특수성과 전략적 필요에 따라 반드시 필요

대통령 후보로서 마지막 기자회견은 단순한 정책 발표나 비전

제시가 아닌 국민에게 드리는 절실한 호소가 필요하다는 판단이었다. 국민을 향해 '함께 살아온 사람'으로서 간곡하고 절실하게 호소할 때 국민의 지지를 이끌 수 있다는 것이다. 이재명이 왜 지금 꼭 필요한 리더인가를 머리가 아닌 마음으로 설득하는 회견으로 만들고자 했다. 회견문의 끝은 반드시 후보님의 진정성이 담긴 호소로 마무리하자고 제안했다.

"이재명의 땀과 눈물이 대한민국을 바꿉니다. 정말 열심히 다듬고 준비했습니다. 일할 기회를 꼭 주십시오. 열심히 하겠습니다. 정말 잘하겠습니다. 사람답게 사는 세상, 더 나은 대한민국 반드시 만들겠습니다"

대통령선거의 큰 흐름에서 기자회견문에 어떤 컨셉과 내용을 담을지 논의를 통해 정리했다. 지금 우리 국민이 필요로 하는 대통령은 '보통 사람과 함께 아파봤고, 함께 극복했고, 함께 희망을 말할 수 있는 사람'이라는 데 인식을 공유하고 다음과 같이 큰 맥락을 짚었다.

1. 이재명은 고통받는 현장을 누구보다 잘 알고, 그들과 함께 살아온 사람

- 단지 아는 것이 아니라, 같은 공간에서 똑같이 고통받고, 절망 속에서도 포기하지 않았던 삶의 주인공

- "국가는 어디 있었습니까"라는 질문을 삶으로 마주했던 이재명이기에, 지금 국민의 아픔을 가장 깊이 이해할 수 있음

- 대통령이란 자리가 책상머리에서 지시만 하는 자리가 아닌, 국민의 삶 속으로 들어가 귀 기울이는 자리임을 상기시킬 필요

2. 국민의 삶과 경험을 공유하는 '공감형 리더십'의 절실함 부각

- 정치가 국민의 삶에서 멀어진 지금, 그 거리를 좁히는 유일한 인물은 이재명임

- 시장 화장실을 지키며 가족을 부양했던 기억, 공장에서 몸이 망가졌던 경험, 불공정에 맞섰던 싸움의 기록이 고통 속 국민과 맞닿아 있음

3. 지금 국민이 기대하는 지도자는 '말만 하는 사람'이 아니라 '함께 아파본 사람', '실제로 뚫고 나온 사람'

- 화려한 언변보다 묵묵히 책임을 다했던 기록이 더 크게 울림을
  주는 시대
- "말이 아닌 삶으로 증명된 사람", "국민이 발 디딘 땅을 함께
  디뎌본 사람"이라는 인식이 이번 선거의 핵심 판단 기준이 되
  도록 유도

4. "정말 열심히 준비했습니다. 꼭 일할 기회를 주십시오. 정말 잘하겠습니다."

- 지난 대선에서의 마지막 발언을 다시 떠올리게 하는 절실함 강조
- 이재명의 진심과 준비된 능력이 지금 우리에게 꼭 필요한 이유
  를 가장 인간적인 언어로 전달

5. 이재명이 말한 것은 반드시 지켜졌습니다. 약속한 것은 실현되었습니다.

- 이미 성남과 경기도에서 보여준 실천의 정치가 이를 증명
- 말이 아니라, 실제로 변화시킨 사람임을 국민에게 각인시켜
  야 함
- "이번에 한 약속도 반드시 지켜질 것입니다."라는 믿음을 유권
  자 마음에 각인

6. "정치는 썩었다고 고개를 돌리지 마십시오. 낡은 정치를
   바꾸는 힘은 국민 여러분에게 있습니다."

- 막판 흑색선전에도 흔들리지 않고 투표장에 나와달라는 절박
  한 호소
- "아직 지지 후보를 정하지 못하셨다면, 지금보다 더 나아질 당
  신의 삶을 상상하며 투표해 주십시오."
- 정치가 삶을 바꾸는 힘이라는 믿음을 회복

7. "국민과 함께 울고, 함께 웃는 대통령이 되겠습니다."
- 국민의 삶 속에 함께 있는 대통령, 함께 느끼는 대통령으로서
  의 정서적 상징 강조
- 안가에서 지인들과 술을 마시던 과거 대통령과 대비되는, 서민
  과 함께한 대통령의 이미지 부각

마지막 기자회견 운영과 관련해 일시와 형식, 장소, 백드롭까지
정리해 제안드렸다.

> **일시**: 2025년 6월 1일(일) 오전
>
> **형식**: 총 1시간 내외, 모두발언(20분 이내) + 질의응답(8~10개 제한)
>
> **장소**:
>
> - (1안) 국회 본청 계단 앞(내란의 시작과 끝을 상징)
>
> - (2안) 당사 브리핑룸(백드롭 교체 필요)
>
> **비주얼**: 따뜻하고 희망적인 분위기. 가능하면 물결치는 태극기를 활용한 백드롭
>
> **후속 조치**: 기자회견 영상 및 메시지는 사전 편집본 포함해 SNS, 유튜브, 웹자보 등으로 즉각 확산 추진
>
> - "한(1) 번만 더 생각해 주십시오", "정말 열심히 준비했습니다" 슬로건 기반, 메시지, 웹자보, 쇼츠 확산 필요

정무2실에서는 이재명 후보의 마지막 기자회견을 6월 1일 일요일로 제안드렸지만 후보의 일정 조정이 어려워 6월 2일 월요일로 최종 확정됐다. 장소는 이재명 후보가 정치 참여를 결심한 경기도 성남시 태평동 성남주민교회였다. 21대 대선 공식선거 운동 마지

막 날에 2004년 3월 28일 시민운동가였던 이재명 후보가 정치인이 되기로 마음먹은 곳에서 선거를 마무리하는 기자회견을 하게 된 것이다.

이재명 후보는 기자회견문에서 "정치인은 태어나지 않고 만들어집니다. 이곳, 성남은 정치인 이재명이 만들어진 곳입니다. 소년공 이재명이 고난도 겪었지만 꿈도 키워낸 곳입니다. 시민운동가 이재명이 사회변화를 일궈낸 곳입니다. 저의 정치적 고향 성남에서 약속드립니다. 이제, 국민 여러분과 함께 대한민국의 새로운 미래를 열겠습니다."라고 말문을 열었다.

이재명 후보는 "전국 각지에서 참으로 많은 분을 만났습니다. 여러분의 호소를 들었고, 많은 사람의 눈물을 보았습니다. 많은 국민의 간절함이 그대로 전해졌습니다."라며 지금 국민의 아픔을 가장 깊이 이해하고 있다고 공감을 표현했다. 최선을 다해 이 난국을 헤쳐나가겠다 다짐하고 "이 장면을 결코 잊지 않겠다"고 했다. "성남에서, 경기도에서 그리고 민주당에서 한 것처럼, 이제는 대한민국을 확실히 바꿔보겠습니다."라며 정말 잘하겠다는 희망을 보였다. 또한 위기의 순간마다 스스로 맞서 극복해온 위대한 대한국민의 뜻을 받들겠다고 약속했다. 특히 "행동하지 않는 양심은 악의 편이다."라는 김대중 대통령의 말씀을 인용해 지금이 바로 행동할 때라고 강조했다. "투표로, 여러분의 미래를 위한, 제대로 일할 일꾼을 뽑아주십시오. 투표로, 여러분의 꿈과 희망을 가장 잘 실현할, '국민의 도구'를 선택해주십시오."라고 이재명 후보에게 기회를 달라고 국민에게 호소했다.

그리고 6월 3일, 대통령선거가 실시됐고 마침내 이재명 후보가 당선됐다. 실천과 성과, 그리고 진심으로 절실하게 국민에게 다가간 끝에 맺어진 결과였다. 국민은 이재명에게 기회를 줬다. 위대한 국민과 함께 '위대한 대한민국'을 반드시 만들어야 한다.

마지막 유세 장소:
여의도와 애국가 4절 제창

21대 대통령선거 다음 날인 6월 4일 아침, 이재명 대통령의 당선을 확인하고 〈SBS라디오 김태현의 정치쇼〉에 출연했다. 인터뷰에서 대선의 의미와 마지막 유세를 여의도로 정하고, 특히 마지막 유세에서 애국가 4절을 다 부르게 된 경위를 설명했다.

진행자: 여의도에서 애국가 완창하고, 큰절도 하고요. 여의도를 선택한 이유하고, 마지막에 애국가 제창. 어떻게 보면 너무 당연한 것이기도 한데 조금 이색적이기도 하고 그렇게 보였거든요. 저는 되게 좋게 봤는데요.[11]

박성준: 이번에 내란을 극복하고, 윤석열 정권에 대한 어떤 심판, 국가 정상화라고 했을 경우에 이제 두 가지 큰 의미를 지닌 지역이 광화문하고 여의도였습니다. 여의도는 내란 이후에 많은 시민이 여의도에 모여졌고, 그것이 탄핵으로 이어지는 결정적 계기가 된 것이고요. 그다음에 탄핵 국면에서는 온 국민이 광화문으로 몰려들었지요. 또 그 가운데 지금 국민의 열망이라고 할까요. 내란을 심판하자라고 하는 그 열망이 광화문에서 열렸는데요. 이번에는 그래도 온 국민이 민주주의를 지켜 줬다라는 의미에서 여의도로 가자고 한 부분이 더 우위에 있었고요. 저도 그 주장을 했고요.

진행자: 의원님이 강하게 주장하신 거예요?

박성준: 여의도에서 하자. 그리고 응원봉을 들고 마지막 집회를 하는 것이 좋겠다는 의견을 제가 피력했고요. 그 다음에 애국가 제창도 제가 의견을 냈습니다.

21대 대통령선거를 하루 전인 6월 2일 밤 이재명 후보는 마지

---

11 2025.6.4., SBS 라디오 〈김태현의 정치쇼〉, "[이너:뷰] 박성준 더불어민주당 원내운영 수석부대표 "李 취임사 핵심은 내란·경제·통합…추경도 언급할 듯""

막 유세 장소를 여의도광장으로 정했다. 12월 3일 내란의 밤으로부터 시작된 6개월간의 대장정, 그 피날레를 장식하는 상징적 의미를 담은 곳이었다. 점심 지나서부터 모여들기 시작한 지지자들이 여의도광장을 가득 메웠다. 불과 6개월 전, 살을 에는 듯한 찬바람에도 윤석열의 내란 쿠데타를 막기 위해 손에 응원봉을 들고 우리 국민이 모여 '빛의 혁명'을 완수한 곳이 바로 여의도였다.

여의도는 대한민국의 역사에 영원히 기록될 수 있는 내란 쿠데타에 저항한 상징 장소이다. 많은 국민이 여의도 국회로 와 국회의사당을 둘러싸고, 온몸으로 장갑차를 막고, 계엄군이 국회의사당으로 들어오는 것을 막아 낸 국민의 숨결이 살아 숨 쉬는 곳이다.

12월 14일 윤석열 탄핵안 의결까지 그 추운 겨울, 밤새도록 치열하게 응원봉을 들고 빛을 밝혀주던 곳이 여의도였다. 탄핵안 의결이 이루어진 날 여의도는 오색의 불빛으로 물들었다. 대한민국의 민주주의 열기를 느낄 수 있는 역사의 현장이었다. 그 뜨거운 열기를 잊을 수 없다.

마지막 유세를 광화문으로 하자는 의견도 있었지만 국회를 지키고 대한민국을 지킨 여의도는, 어떻게 보면 마지막 유세 장소로 당연한 결과였다. 6월 2일 밤 감동의 물결은 다시 이어졌다. 12월 3일부터 6월 2일까지 이어지는 6개월은 대한민국 정치사에 길이

남을 것이고, 이제는 민주주의 수호의 상징이 되어버린 여의도라는 이 역사적인 장소에 우리 국민이 산증인으로서 함께하고 있었다. 그러나 빛의 혁명은 아직 미완이었다.

대선 승리, 그것이야말로 새로운 빛의 혁명 시작을 알리는 신호였다. 내란 세력에 대해 국민의 저항으로 승리했듯이 대통령선거의 승리를 통해 새로운 출발을 해야 한다. 대선의 패배는 내란 쿠데타 세력의 복귀이자 대한민국이 망국의 길로 접어드는 첩경이었다. 그리고 빛의 혁명은 실패로 끝날 수밖에 없었다. 이재명 후보는 마지막 여의도 유세에서 사자후를 토해냈다.

"오늘은 불법 비상계엄이 선포된 지 6개월이 되는 날이다. 내일은 대한민국 운명이 판가름 나는 역사적인 분수령이 될 것이다."

"내란 세력의 복귀는 경제 폭망의 길이고 내란 세력 심판은 곧 경제를 살리는 길이다."

"반드시 내란 책임자를 다 찾아내고 진상을 정확하게 규명해서 주요 책임자를 반드시 문책하고 다시는 이 나라에서 국민이 맡긴 총칼로 국민을 위협하는 내란 사태는 꿈도 꿀 수 없게 만들어 놓겠다."

6월 2일 밤 여의도는 대한민국을 다시 살리는 신호탄이 되는 곳이었다. 대통령선거일인 6월 3일은 "빛의 혁명 완수가 시작되는 날"이라며, 우리는 반드시 승리할 거라 외치고 외쳤다. 시민들이 응원봉을 들고 모여 '빛의 혁명'을 완수하겠다는 의지를 다지고 다졌다. 그리고 다음 날 이재명 후보는 당당히 대통령선거에서 승리했다.

마지막 유세에서 애국가 4절을 다 부르자고 제안했다. 이재명 후보는 여의도광장에 모인 모든 사람과 애국가를 4절까지 제창했다. 감동이었다. 왜 애국가 제창을 하자고 제안했는지 〈SBS라디오 김태현의 정치쇼〉에서 자세하게 설명했다.

진행자: 그래요? 되게 좋은 신박한 아이디어인데요. 왜냐하면 저는 보면서 대통령 후보가 애국가를 부르는 게 너무나 당연한 것이기도 한데 그런 장면이 사실은 많지 않았잖아요. 그래서 보니까 너무 당연한 것인데 좀 이례적이기도 하고요. 하여간 결과적으로는 저는 되게 좋게 봤습니다. 의원님 아이디어셨어요?

박성준: 네, 제 아이디어였고요.

진행자: 신박하시네요.

박성준: 애국가 제창, 그것도 4절까지 다 해야 된다라고 하는 것을 제가 그동안에 몇 번 주장했고, 마지막 후보실 회의하면서 애국가 제창을 반드시 4절까지 해야 된다.

진행자: 4절까지.

박성준: 네. 그것은 왜 그런 의미를 가졌냐 하면 내란 이후 나라가 위기인 상황에서, 이번 대선에서 우리가 수용해야 할 가치는 결국 애국이라고 봤고요. 보수주의가 무너진 만큼 중도보수 확장 정책으로서의 애국주의, 애국심이 필요하다고 생각했습니다. 마지막 유세에서 하나로 모일 수 있는 상징이 애국가였기 때문에 4절까지 다 하자고 했고요. 저는 애국가 제창만 이야기했는데 기획 쪽에서 1절부터 4절까지 영상을 드라마적인 구조로 만들었고, 애국가 제창을 하다 보니까요. 제가 그 현장에 있었습니다.

진행자: 뭉클하셨어요?

박성준: 저도 뭉클했는데 여성 의원들 같은 경우는 눈물을 막 다 흘리시더라고요.

진행자: 왜냐하면 애국가 완창이 예전에 국민의힘의 최재형 전 의원이 가족 모임 하면 애국가 부른다는 얘기도 그때 대선 예비후보 시절에도 있었고요. 사실은 애국심, 안보. 이게 보수진영이 우위에 있

는 것처럼 보이는 측면도 있었는데 그것을 깨고 싶은 것도 좀 있으셨겠네요.

박성준: 그렇지요. 왜 그러냐 하면 애국이라고 하는 가치가 진정으로 대한민국을 누가 더 사랑하고, 우리 이재명 후보가 얘기하는 진짜 대한민국, 새로운 대한민국이라고 하는 것은 보수적 가치가 무너진 한국 사회에서 진정한 보수가 누구냐 하면 이재명 후보의 중도보수 가치 지향적인 부분까지 포괄할 수 있고. 연설에서도 그런 부분이 나왔단 말이지요. 안보라고 하는 측면과 민주주의의 회복이라든가 이런 모든 것을 포괄할 수 있을 때 국민을 하나로 묶을 수 있는 상징적 의미는 애국가이기 때문에 마지막 유세에서 제가 애국가를 꼭 부르셔야 됩니다 말씀드렸지요.

진행자: 4절 완창은 인상적이었어요.

박성준: 4절 완창은 제가 강력하게 주장해서 받아들여졌습니다.

진행자: 의원님이 신박한 아이디어를 내셨는데요.

박성준: 네, 제 아이디어가 수용되었고 다들 좋은 아이디어였다고 말했지요.

진행자: 제가 객관적으로 봐도 성공적으로 보였어요.

박성준: 그때 여의도광장에 모였던 한 10만여 명이 넘는 분들이

원내수석으로, 정무2실장으로 참석하는 대선 관련 회의에서 기회가 있을 때마다 애국가 4절을 꼭 불러야 한다고 주장했다. 특히 이재명 후보의 마지막 유세 일정을 논의하는 후보실 회의에서 애국가 제창을 반드시 4절까지 해야 된다고 몇 번에 걸쳐 되풀이해 제안했다.

스스로 보수라 참칭하며 윤석열의 내란을 옹호하는 아스팔트 극우 세력들에 의해 의미가 퇴색된 애국, 그리고 애국가의 참된 의미를 되찾아야 한다는 뜻이었다. 내란 세력들은 그들의 기득권을 지키기 위한 도구로써 애국가를 부르고 있었다. 그러나 윤석열에 의해 한국의 보수주의가 이미 무너졌고 가치가 실종돼 어디로 갈지 헤매고 있었다.

이재명 후보의 중도보수주의는 내란 이후 대한민국의 위기를 극복하고, 진정한 애국심과 애국주의, 그리고 보수주의가 무엇인지 보여줄 수 있는 이념적 확장 정책이었다. 애국가는 마지막 유세 현장에서 대한민국을 진정으로 사랑하는 국민이 누구인지 보여줄 수 있는 가장 대표적인 상징이 될 수 있다고 생각했다. 이재명 후보의 중도보수주의에 담긴 애국심이 애국가를 통해 가장 잘 표출될 수 있다고 판단했다. 애국심을 고취시킬 수 있고, 국민을 하나로 묶을 수 있는 힘은 바로 애국가라고 봤다.

이재명 후보의 '진짜 대한민국'과 새로운 대한민국은 진정으로 대한민국을 누가 더 사랑하고, 한국 사회에서 진정한 보수가 누구냐를 묻는 질문이다. 윤석열과 내란 세력을 가짜 보수라 규정하고 선언하는 것이다. 국민을 하나로 묶을 수 있는 상징적 의미로서 애국가는 진정한 애국으로 우리가 불러야 한다고 생각했다. 그래서 애국가를 꼭 4절까지 제창해야 한다고 주장하게 된 것이다. 애국가 1절, 2절, 3절, 4절에 드라마적 서사적 구조를 담은 영상이 함께하며 감동에 감동을 더했다. 가슴이 뭉클했고 눈물이 저절로 났다. 옆에 있던 이언주 의원, 백승아 의원은 눈물을 계속 흘리며 흐느꼈다.

여의도 마지막 유세에서 애국가 제창은 성공적이었다. 여의도광장에 모인 10만여 명 모두 하나가 됐다. 애국가를 4절까지 부르며 유세를 마무리했다. 유세 현장에 참석한 시민들은 애국가를 함께 부르며 이 시대에 진정한 애국이 무엇인지 가슴 깊이 느끼고 있었다. 애국가 한 소절처럼 "하느님이 보우하사 우리나라 만세", 하느님이 보우하사 계엄을 막아낼 수 있었다. 대한민국 유세 현장에서 매우 상징적 장면으로 기록될 것이다.

인수위원회
사전 준비팀을 제안하다

2025년 21대 대통령선거는 윤석열 파면으로 치러진 선거이기 때문에 대통령 당선인은 인수위원회 없이 바로 새로운 정부를 출범시켜야 했다. '대통령선거와 함께 인수위원회 준비팀이 가동되면 대통령 선거기간에 충분히 차기 정부를 미리 준비할 수 있지 않을까?'라는 의문이 들었다. 대한민국에는 인수위원회 준비팀을 구성할 수 있는 제도적 기반을 갖추고 있지 못하다. 지난 대선에서 정무2실장으로 일하면서 이러한 문제 인식을 갖고 미국의 인수위원회를 살펴볼 기회가 있었다.

미국의 대통령직 인수위원회는 1963년 제정된 「대통령직 인수법(Presidential Transition Act)」을 기점으로 제도화됐다. 이 법은 행정부의 연속성과 행정권의 질서 있는 이양을 보장하기 위해 마련됐다. 연방총무청(GSA)이 대통령·부통령 당선자에게 사무공간, 인력, 경비 등을 제공하도록 규정하고 있다. 이 법이 마련된 이후 시대별 개정을 통해 제도의 범위와 투명성이 확대됐다. 미국은 대통령 교체 시기마다 행정부의 연속성, 투명성, 전문성을 강화해 제도적 보완을 해왔다. 인수위원회는 단순한 준비기구를 넘어 행정체계 전환의 핵심 장치로 기능을 하고 있다.

미국 인수위원회 특징 중 가장 인상적인 것은 사전 준비팀이다. 각 대선 후보 캠프 별로 인수위원회 사전 준비팀을 미리 구성해 대선과 함께 활동할 수 있도록 했다. 미국에서는 2010년 '선거전 대통령직 인수법(Pre-Election Presidential Transition Act)를 통해 주요 정당의 대통령선거 후보자들이 선거일 전부터 대통령인수위원회를 구성하는 것을 공식적으로 허용하고 대통령실과 정부 부처의 지원을 의무화하고 있다.

미국의 대통령선거는 11월에 있다. 인수위원회 사전 준비팀은 각 대선 후보별로 3월부터 9월까지 꾸리게 된다. 미국의 대통령 후보는 각 후보의 상황과 여건을 고려해 사전 준비팀을 운영했다. 우리나라도 인수위원회법을 개정한다면 이 내용을 수용할 필요가 있다. 인수위원회 사전 준비팀을 국정 운영의 일부로 받아들인다면 대통령선거 기간에도 충분히 정권 인수 준비를 할 수 있다. 또한 윤석열 파면과 같은 예기치 않은 상황에서 대통령선거가 치러지고 바로 새로운 정부가 출범하더라도 인수위원회 사전 준비팀은 정부 출범을 준비할 수 있는 시간을 확보할 수 있다. 인수위원회 사전 준비팀의 제도를 추진하고 재정적 지원이 이뤄지도록 인수위원회법 개정을 논의할 필요가 있다. 즉, 사전 준비팀이 법으로 수용되면 지금과 같은 인수위원회 없이 새 정부가 출발하는 상황에서도 충분히 준비가 가능해질 것이다. 그래서 인수위원회 사전 준비팀이 조직을 갖추고 예산 지원을 받아 활동할 수 있는 제도적 기반을 마련하자고 제안한다.

시대정신과 국정철학:
대통령 취임 후 100일 무엇을 할 것인가?

인수위원회가 해야 할 여러 활동이 있지만 대통령이 취임한 이후 무엇을 할 것인가, 특히 대통령 취임 100일을 계획하는 것이 무엇보다 중요한 일이다. 김대중 대통령과 문재인 대통령의 취임 100일 계획을 살펴보면 '무엇을 어떻게 준비할지?' 그림이 그려진다. 대통령 취임과 더불어 시대에 대한 정확한 진단과 합리적 솔루션을 마련하고 신속한 집행이 뒤따라야 한다.

1. 김대중 대통령

- 시대적 요구 상황에 대한 인식을 정확히 했고, (안정적 국정 운

영, 경제위기 극복, 미래성장동력 창출)

 - 취임 초 핵심 아젠다 세팅하고

 - 전문성 있는 인사를 BH와 내각에 일주일 만에 배치하였으며

 - 여야 교섭을 통해 정부조직을 개편하고

 - 재계, 노동, 해외 주요 인사와의 면담 통해 개혁의 방향과 내용

을 정리한 후

 - 취임 100일에 맞춘 핵심 이벤트를 개시하였음(한미정상회담,

정보화 전략회의 출범 등)

2. 문재인 대통령

 - 시대정신을 적폐청산으로 보았고

 - 국정기획자문회의를 통해 국정 아젠다를 세팅했고,

 - 내각 인사 배치에 6개월 이상의 시간이 걸렸고

 - 재계와의 만남을 기획했고

 - 취임 100일에 기자회견을 하였음

성공한 대통령의 길을 따르기 위해서는 시대적 요구 상황을 정

확히 진단하는 것이 필요하다. 김대중 정부와 문재인 정부의 100

일을 비교해보고 이재명 대통령 후보가 당선돼 이재명 정부가 출범한다면 '향후 100일 무엇을 어떻게 준비할지?' 정리해봤다.

1. 내란 극복, 국정 안정, 경제위기 극복, 민생 안정, 미래성장동력 창출, 정부 개혁, 한반도 평화, 균형 발전, 저출산 위기, 기업 구조개혁, 복지 확대 등 다양한 아젠다 중에 핵심 우선순위를 정해야 한다.

2. 현실 진단에 따른 정책을 책임질 인재풀을 미리 확보하고 당선 후 신속히 임명해야 한다. 경제, 안보, 사정기관 개혁을 책임질 인재 확보가 필수적이고, 적재적소에 맞는 인재를 찾아야 한다. 또한 신속하게 조각 완성을 해야 한다.

3. 대통령 명령의 우선순위 정리와 신속한 집행이 뒤따라야 한다. 취임 첫 명령부터 10번째 명령까지 중요성에 따라 발표할 필요가 있다. 예를 들면 정부조직 개편, 추경 편성 요구, 검찰 개혁, 국정기획위원회 구성 명령 등 대통령 직속 위원회 구성 명령, 특사 파견 명령, 경제개혁 관련 시행령 등을 마련해 명령을 내려야 한다.

4. 취임 100일에 JM정부의 방향을 확실하게 보여주어야 한다.

이와 같이 정책우선순위를 정하고, 인재풀을 마련하고, 신속한 집행을 위해 시행령을 준비하고, 취임 100일에 맞춰 이재명 정부의 청사진을 제시할 것을 제안했다. 불법 계엄과 내란 쿠데타로 말미암아 치러지는 대선인 만큼 안정적인 국정 수행을 하고 국정 정상화라는 궤도에 진입하기 위해서는 취임 전에 미리 준비를 해야 하는 것은 당연한 일이었다. 인수위 없이 정부가 출발하기 때문에 국가적 혼란을 신속히 극복하는 것이 취임 초 성패를 가르는 기준이 되기 때문이다.

5년 단임의 대통령제는 집권 초기 2년 안에 그 정부가 추진하려는 개혁을 성공하지 못하면 집권 중기와 말기로 넘어가면서 개혁은 흐지부지되고 권력은 어려움이 찾아온다. 더 엄밀히 말하면 짧게는 취임 후 100일에서 6개월까지가 5년 임기의 리더십을 좌우한다고 해도 과언이 아니다.

취임부터 초기 6개월까지 강력한 리더십을 바탕으로 지지 그룹을 확고히 한 가운데 개혁의 밑그림을 완성해야 한다. 그리고 그

밑그림 위에 대략 2년 동안 일관성 있게 개혁과 정책을 추진해야 정부가 성공할 수 있다. 새 정부가 꿈꾸는 나라의 전체 윤곽이 확실하게 다가올 때 국민은 지속적인 지지를 보내게 된다. 초기 2년은 권력의 안정을 다지는 시기라고 할 수 있다.

5장

이재명 국민주권정부의 국정철학

이재명 정부
첫 대정부질문

2025년 9월 15일, 이재명 국민주권정부 출범 이후 첫 대정부질 문에서 첫 질의자로 나섰다. 이재명 정부에 대한 국민적 열망과 기대를 담아 질의하면서 이재명 정부가 성공하기 위해서는 시대 가 요구하는 과제를 해결해야 한다고 강조했다. "첫째는 내란 극 복을 완성하는 것이고요. 둘째는 국민주권정부의 국정철학을 잘 실현하는 것입니다."라며 이 두 가지를 중점적으로 질의했다.

2024년 12월 3일 '내란의 밤'은 윤석열에 의해 자행됐다. 급박한 위기의 순간이었다. 만약 내란이 성공했다면 공포정치와 정치적 억압이 일상화되면서 우리의 삶을 짓눌렀을 것이다. 정치학자 한 나 아렌트가 '어두운 시대'라고 이름 지었던 파시즘과 나치즘 체제가 대한민국에 재현됐을 것이다. 대한민국에 군부정권이 되살아나 폭력과 강제를 통해 우리의 권리와 자유를 강탈했을 것이다. 파시즘과 전체주의의 지배가 21세기 민주공화국 대한민국에서 버젓이 재현되었을지 모른다는 사실에 새삼 전율을 느낀다. 2024년 12월 3일 '내란의 밤'은 대한민국이 '어두운 시대'로 가느냐, 가지 않느냐의 갈림길이었다. 윤석열이 자행한 내란 쿠데타의 성공은 그 자체로 민주공화국으로서의 대한민국이 소멸한다는 것을 의미했다.

그러나 '내란의 밤'에 시민들은 응원봉을 들고 대한민국을 지키고 국회를 지키기 위해 여의도 국회의사당으로 모였다. 온몸으로 총칼에 맞섰다. 국회는 신속한 결의로 '내란'을 막아냈다. 대한민국이 더 깊은 '어둠'으로 빠지지 않도록 모두가 힘을 모아 저지했다. 그리고 온 국민이 내란의 역경을 딛고 일어나 대한민국을 지켜 2025년 6월 4일 국민주권정부가 출범했다. 어렵게 출범한 이재명 정부이지만 윤석열이 저지른 악행의 그림자가 너무도 깊었던 탓일까? 이재명 정부가 출범하고 100일이 흘렀지만 내란은 완전 종

식되지 못했고 아직도 현재진행형이다. 이런 점에서 '내란의 밤'의 어둠을 완전하게 걷어내지 못하고 있다고 진단할 수 있다.

윤석열은 이분법적 사고로 자신의 명령과 지시를 따르는 것은 선이고, 자신의 의견에 반하는 것은 악이라고 치부하고 적대시했다. 복종과 순응, 더 나아가 무조건 순응을 요구하는 내란까지 감행한 것을 볼 때 윤석열은 '反정치적'인 인물이다. 윤석열은 이미 지난 2022년 대선 과정에서 손바닥에 왕(王) 자를 쓰고 나올 정도로 '反정치적'이었다. 동양의 정치사상에서 임금의 치적과 업적에 따라 군주를 분류한다. 윤석열의 손바닥 왕(王) 자를 빗대어 윤석열은 어떤 평가를 받을 수 있는지 총리에게 질의했다.

박성준 의원: 저는 윤석열이 지난 2022년 대선 과정에 나올 때 손에 왕(王) 자를 쓴 걸 보고 깜짝 놀랐는데 지금 시점에 봤을 때 윤석열이…… 군주를 평가할 때 성군·현군·폭군·암군 이렇게 분류를 하는데 총리님께서는 윤석열을 지금 볼 때 어떤 군주에 포함된다고 보십니까?[12]

국무총리 김민석: 국민이 다 판단하실 것 같습니다.

12 2025.9.15., 국회회의록, 제429회 국회 제5차 본회의 〈대정부질문(정치분야)〉

윤석열에 대한 정치적 평가는 시대를 어둡게 한 암군이고, 폭력적 지배를 일삼은 폭군이고, 어리석은 혼군(昏君)이라고 일갈했다. 내란에 종사한 정치검찰과 정치군인들은 내란 공범으로서 윤석열의 잘못된 지시와 명령에 순응과 복종으로 응답했다. 어떠한 생각과 판단도 하지 않았다는 점에서 이들도 반정치적인 '내란의 공범'이다. 뉘른베르크 전범 재판, 도쿄 전범 재판, 아이히만 재판에서 전범과 민간인 학살 범죄에 대한 처벌의 근거는 '부당한 명령에 불복종해야 할 의무를 이행하지 않았다'는 것이다. 재판과정에서 전범들은 '명령과 지시에 따른 임무 수행'이라고 변명한다. 그리고 '명령과 지시에 따른 임무 수행'이라는 상투적 표현은 부당한 명령인지 아닌지조차 '생각하지 않았다'는 명백한 증거이다. 따라서 민주공화국 대한민국을 무너뜨리는 윤석열의 부당한 명령과 이에 순응했던 윤석열과 내란 동조 세력은 내란 공범으로 맹자가 말한 '인의를 해친 잔적(殘賊)'이다.[13] 질의를 이어간다.

---

13 맹자 저·동양고전연구회 역. 『맹자』 양혜왕 (하)편, 민음사, 2016. 참조

박성준 의원: 맹자가 이런 얘기를 합니다, '인의를 해친 왕은 잔적에 불과하다'. 인간적 도리를 하지 않은 왕은 흉포한 도둑에 불과하다고 했습니다. 동의하십니까?

국무총리 김민석: 예.

박성준 의원: 맹자가 그래서 민심을 잃고 폭정을 일삼은 왕은 축출하고 방벌해야 된다고 했습니다. 이것이 동양 정치사상의 근본입니다. 폭군방벌론이라고 하지요. 알고 계십니까, 의원님?

국무총리 김민석: 예.

박성준 의원: 그런 측면에서 윤석열은 방벌됐고 축출됐다 이렇게 평가해도 되겠습니까?

국무총리 김민석: 동서양을 막론하고 국민의 뜻을 거스르면 무너진다고 생각합니다.

맹자는 인의를 해친 왕은 잔적(殘賊)에 불과하다고 했다. 맹자는 은탕왕이 하걸왕을 추방하고 주무왕이 은주왕을 방벌한 것에 대해, "임금을 시해한 것이 아니라 필부를 죽인 것"이라고 답한다. 민심을 잃고 정치적 정당성을 잃은 통치자는 더 이상 임금이 아니라고 했다. 왕이 임금답지 않으면 필부에 지나지 않는다고 맹자는 주장한다. 폭군은 백성을 억압하면서 공동선이나 공공 이익을 위한 행동이 아니라 자신과 자파의 이익을 위한 행동을 하는 자를 일컫는다.

왕조시대를 지난 이후에도 폭군으로 칭할 수 있는 인물들은 반복적으로 등장해왔다. 민주적 질서를 거부하는 폭군은 지배권을 강화하고, 독재와 영구집권, 심지어 세습을 위해 온갖 수단과 방법을 동원하기도 한다.

또한 폭군은 국민의 자발적 동의와 지지라는 기본 조건은 개의치 않는다. 오히려 강제로 동의를 이끌어내기 위해 자신의 친위부대(검찰, 경찰 등)를 동원해 국민을 겁박한다. 폭군이 기댈 곳은 물리적 강제수단, 즉 폭력뿐이다. 그리고 역사에서 볼 수 있듯이 폭군은 일시적으로 성공할 수 있지만 영원할 수 없다. 백성, 국민의 저항에 부딪혀 무너지기 마련이다.

맹자의 폭군방벌론이 시사하는 것처럼 윤석열과 내란 세력은 잔적으로 축출돼야 마땅하다. 윤석열은 민심을 잃은 통치자로 자격을 상실했다. 맹자의 말처럼 내란 세력에 대한 처벌과 단죄는 당연한 것이다. 윤석열 탄핵의 정당성을 총리에게 질의했다.

박성준 의원: 그리고 서양 정치사상의 가장 근본은 공화국을 유지하는 데 있어서 공화국을 위협하는 인물은 축출했지요. 그것을 도편추방제라고 합니다. 그런 의미에서 탄핵은 도편추방제의 하나의 일환이다. 이렇게 평가해도 되지 않겠습니까?

국무총리 김민석: 해석하기 나름이라고 봅니다.

박성준 의원: 논어에도 보면요 '군군신신 부부자자(君君臣臣 父父子子)'라는 문구가 나옵니다. '임금은 임금다워야 신하가 신하답다', 잘 알고 계시지요? 그런데 폭군의 가장 근본적 특징이 뭐냐면 임금이 임금답지 않아도 신하는 신하다워야 된다라고 하는 논리를 폅니다. 윤석열은 임금이 임금답지 않았고 대통령이 대통령답지 않은 모습 속에서 백성, 국민에게만 의무를 요구한 자가 윤석열이었다. 그렇기 때문에 윤석열에 대해서는 역사, 동서양을 막론하고 방벌·축출되는 것이 마땅했고 탄핵은 정당했다, 이렇게 평가내릴 수 있겠습니까?

국무총리 김민석: 임금이라는 설정이 가능하지 않은 시대에 임금적인 방식으로 생각을 한 것이 시대착오의 원인이었다고 봅니다.

박성준 의원: 제가 앞서 말씀드린 것처럼 왕(王) 자를 썼고, 12월

아테네의 도편추방제는 도자기 조각에 추방하고자 하는 인물의 이름을 새겨 투표하는 방식으로 도편추방이 이루어졌다. 추방 결정이 나면 열흘 안으로 떠나야만 했고 떠난 후 10년 이내에 돌아오는 이에게는 사형선고가 내려졌다.

도편추방제는 민주적 통치에 대한 위협으로 인식되는 사람들을 견제하고 권력의 균형을 유지하는 중요한 역할을 했다. 아리스토텔레스는 『정치학』에서 "폭군정의 붕괴는 폭군정 내부의 집단들 간의 권력투쟁, 폭군의 생명, 폭군에 대한 시민들의 공격에 의해서다."라고 했다. 특히 폭군을 공격하게 되는 동기는 부당한 압제, 공포, 지배자에 대한 경멸로부터 시작된다고 했다. 결국, 폭군은 무너질 수밖에 없다는 사실을 강력하게 시사하고 있다.

공자는 천하가 혼란스러운 것은 각자가 명분을 지키지 않고 규칙을 준수하지 않기 때문이라고 했다. 공자의 정명이란 군군신신 부부자자(君君臣臣父父子子), '임금은 임금답고, 신하는 신하다우며, 아비는 아비답고, 자식은 자식다워야 한다.'는 뜻이다. 천하가 혼란스러운 것은 각자가 명분을 지키지 않고 규칙을 준수하지 않기 때문이다. 윤석열은 대통령답지 않았다. 검찰 출신이었지만 누구보다 법과 규칙을 준수하지 않았다. 그리고 윤석열의 이러한 행태는 나라를 혼란에 빠뜨렸다.

12.3 내란의 밤에 윤석열의 말과 행동을 똑똑히 봤다. 폭군의 모습이었다. 일반상식을 크게 벗어났고 민주주의를 만들어왔던 사회적 합의를 파괴하는 전체주의의 전조가 보였다. 아리스토텔레스가 말한 대한민국의 위기 순간에 시민의 공격으로 윤석열 폭군을 무너뜨렸다. 대한민국 국민은 공자의 정명론에 부합하지 않고 대통령답지 않은 윤석열을 경멸했다.

권좌에서 물러난 폭군은 어떤 모습일까? 지난 9월 15일 대정부질문에 한비자를 인용해 질의했다.

박성준 의원: 한비자가 이런 얘기를 합니다. 한비자가 얘기할 때 임금을 용으로 비교하지요. 용은 승천하는데 민심을 잃으면 용

이 떨어집니다. 땅에 떨어지게 돼 있지요. 땅에 떨어질 때 용이 아
니라 한낱 개미와 지렁이에 불과하다고 얘기했는데 윤석열이 탄
핵된 이후의 모습은 한낱 개미와 지렁이에 불과하다는 것을 우리
가 확인할 수 있었습니다. 우리 정치인 모두가 윤석열의 모습을
보고 민주주의를 수호하는 데 정말 민주주의의 가치가 무엇인지
를 다시 한번 일깨워야 된다라는 말씀을 드리겠습니다. 동의하시
지요?

국무총리 김민석: 예.

한비자 난세편에는 "하늘을 나는 용은 구름을 타고 오르고, 승
천하는 이무기는 안개를 타고 하늘을 난다. 구름이 사라지고 안
개가 걷히면 용과 뱀은 지렁이와 개미처럼 미미한 존재가 된다."[14]
는 말이 있다. 한비자는 신도의 말을 인용해 비룡과 이무기는 구
름을 타고 안개를 부리기 때문에 하늘 높이 오를 수 있다고 했다.
용과 이무기는 구름이 걷히고 안개가 흩어지면 땅에 떨어지기 마
련이고, 땅에 떨어지면 한낱 지렁이와 개미에 불과하다는 것이다.
윤석열이 지난 2025년 9월 26일 서울 서초구 서울중앙지법에서

---

14 한비자 저. 『한비자(韓非子)』. 제40편 난세(難勢), 한길사, 2002. 참조

열린 특수공무집행방해, 직권남용 권리행사방해 등 혐의 사건 1차 공판에 출석하는 모습이 카메라에 잡혔다. 머리카락은 하얗게 센 상태였고 얼굴은 이전보다 살이 빠진 모습이었다. 왼쪽 가슴에는 수용번호 '3617'이 적힌 배지를 찼다. 왕(王) 자를 쓰고 대통령이라는 권좌에서 군림했던 윤석열은 구름과 안개가 흩어지자 한낱 피의자 신분으로 전락하고 말았다.

'내란의 밤'을 종식시키기 위한 시민들의 분투는 대한민국 국민으로서 책무를 스스로 각성하고 실천으로 옮긴 '거룩한 행위'였다. 루소는 '내외의 위협으로 인한 공화국의 위기에 시민이라면 공동체에 헌신하는 책무를 자발적으로 이행해야 한다.'고 했다. 내란의 밤에 대한민국 국민은 '민주공화국의 주인'으로서 '무엇이 책무인가?'를 직시하고 행동으로 옮겼다. 그 책무는 대한민국 공동체의 보전이었다.

케네디 대통령의 그 유명한 '먼저 국민이 국가를 위해서 무엇을 할 것인가?'라는 연설은 국민이 국가의 명령에 무조건 복종하고 순응하라는 요구가 아니다. 국가의 주인으로서 자신의 책무가 무엇인지를 각성하고 이를 자발적으로 실천하라는 정중한 부탁이었다. 그러나 모든 국민이 스스로 '민주공화국의 시민'으로서 공동체의 보전이라는 책무 수행에 충실한 것은 아니었다. 윤석열과 내란 세력의 부당한 명령과 지시를 '생각 없이' 받아들이고 그들이 요구하는 분열과 대립의 조장에 적극 순응하는 자들도 있었다.

이와 같이 '생각 없음'과 순응주의는 자신에게 내려진 명령과 지시의 복종만이 유일한 선(善)이라는 맹목적인 믿음을 가지고 행동하는 정치적 좀비(zombie)를 만들어 내고 있다. 살아 있는 인간은 삶을 스스로 보전하기 위해서 '끊임없이 생각할 줄 아는 존재'다. 그러나 정치적 좀비는 생각 없이 살아가는 존재, 살아 있는 시체에 불과하다.

살아 있지만 '생각 없음'은 스스로 '생각하기'를 통해 자신의 책무를 각성하고 실천하려는 의지를 가진 '시민'과는 정반대에 놓인 자들이다. 살아 있는 시체, 즉 정치적 좀비는 부당한 명령과 지시에 의심을 갖지 않고 따르는 것을 올바름으로 착각하고 있다. 정치적 좀비는 말과 행동을 서슴없이 자행해 공포 분위기를 만들어 낸다. 아직도 정치적으로 '살아 있는 시체들'이 여전히 거리를 행진하고 있다. 대정부질문에서 내란 좀비를 거론한다.

박성준 의원: 전체주의를 연구한 정치학자로 유명한 한나 아렌트입니다. 악의 평범성이라는 얘기도 많이 하고요. 전체주의를

추종하는 자들을 연구했더니 '인간의 인격과 도덕, 개성을 파괴하는, 이런 사람들은 생각하지 않는 살아 있는 시체다' 이렇게 표현했습니다. 그래서 전체주의를 추종하는 사람들을 죽 봤더니 좀비처럼 살아 있는 시체들의 행진이다 얘기했는데, 이 윤석열 정권의 내란 세력들이 좀비처럼, 살아 있는 시체처럼 전체주의를 추종하면서 행진했던 것을 보지 않았습니까, 총리님?

국무총리 김민석: 국민이 다 여러 가지를 보았습니다.

박성준 의원: 좀비는 사람을 물어서 바이러스를 전염시키지만 내란의 좀비는 말로써 바이러스를 전염합니다. 그게 뭐냐? 극우적 망동·망언과 가짜뉴스, 폭력적 언어와 행동을 서슴없이 자행하면서 내란 좀비들이 판치게 됩니다. 지금도 여전히 한국 사회에는 이런 내란 좀비들, 생각하지 않는 살아 있는 시체들이 행진하고 있습니다. 여기에 대해서 묵과할 수 있겠습니까, 총리님?

국무총리 김민석: 내란 극복은 지금 대한민국의 가장 큰 과제라고 생각합니다.

박성준 의원: 내란 좀비들이 모든 권력, 검찰, 경찰, 윤석열 정권의 내각, 군대 그리고 국민의힘, 사법부까지 침투해서 똬리를 틀고 있습니다. 저는 솎아 내야 된다고 봅니다. 제1 과제로 총리님께서 해주시기 바랍니다.

윤석열 정권 하에 주요 국가기관이 내란에 총동원됐다. 그리고 지금 이 순간에도 국민의힘, 사법부, 검찰, 경찰, 군대 등에 내란에 부역했던 세력이 아직까지 똬리를 틀고 있다. 내란이 완전하게 종식되지 않은 탓이다. 민주공화국 대한민국을 보전하기 위해 만들어 놓은 국가기관에 내란 좀비들의 행진이 계속되고 있다. 그리고 대한민국 내외에서 여전히 준동하는 살아 있는 시체들의 내란 동조 행위는 바로 그들의 '말'에 의해서 분명히 드러나고 있다.

'말'을 통해서 전염되고 있다는 사실에 주목해야 한다. 극우 세력과 그에 기생하는 극우 유튜버들은 광화문 아스팔트 위에서 여전히 윤석열 어게인을 외치며 내란 선동의 말을 전염시키고 있다. 장동혁 국민의힘 대표는 극우 유튜버 전한길과 손잡고 당대표에 당선됐고, 탄핵 반대 집회를 이끌었던 손현보 목사에게 머리를 조아리고 있다. 또한 송언석 국민의힘 원내대표는 정청래 더불어민주당 대표의 연설에서 '노상원 수첩에 수거 대상이 된 정치인은 불귀의 객'이 됐을 것이라는 언급에 대해 "제발 그렇게 됐으면 좋았을걸"이라고 대응했다.

국민의힘의 당대표와 원내대표의 정치 행보는 공화국의 보존과 공동체의 유지라는 책무에 크게 벗어났다. 국민의힘은 여전히 내란 세력의 연장이다. 총리에게 다시 질의한다.

박성준 의원: 정치인의 책무는 바로 공화국의 보존, 공동체의 유지에 있습니다. 그런 측면에서 윤석열과 그 내란 세력이 대한민국 민주공화국을 해체하고 공동체를 파괴했다라는 부분에 대해서 용서할 수가 없는 것이지요. 김민석 총리께서 노상원 수첩에 등장하는 정치인 사살 및 수거 대상에 포함되지요?

국무총리 김민석: 예, 그렇습니다.

박성준 의원: 그때 그 명단을 보시고 어떤 생각이 드셨습니까?

국무총리 김민석: 그럴지 모르겠다는 생각은 하고 있었는데 막상 보고는 좀 섬뜩했습니다.

박성준 의원: 내란이 성공했다면 김민석 총리는 어디 있을까요?

국무총리 김민석: 살지 못했을 거라고 생각하고 있었습니다.

박성준 의원: 고문당하고 아마 구천을 헤매고 있을 겁니다. 왜 그러냐 하면 나치의 파시즘 체제, 군부 통치 이런 전체주의의 근본적인 본질은 뭐냐 하면 정적을 제거하고 구금하고 감금하고 고문

하고 결국은 제거시키는 것이 일반적인 관례였지요. 정청래 대표가 교섭단체 연설에서 '노상원 수첩이 현실로 성공했더라면 이 세상의 사람이 아니었을 것이다. 불귀의 객이 됐을 것이다' 이렇게 얘기 했습니다. 같은 생각 아닙니까, 김민석 총리도요?

국무총리 김민석: 예, 그렇습니다.

박성준 의원: 아마 이재명 대통령도 그렇고 여기 계신 우원식 의장님도 구천을 헤매고 있었을 겁니다. 그런데 그 자리에서 송언석 국민의힘 원내대표가 어떤 얘기를 했지요? '그리됐으면, 제발 그리됐으면 좋았을걸', 본심이 드러난 거 아닙니까? 그 발언을 듣고 총리는 어떤 생각을 했습니까?

국무총리 김민석: 정치적 공방을 하는 경우가 있지만 아주 기본적인 것들을 지켜 가면서 하는 것이 좋다 하는 생각을 평소 하고 있습니다.

박성준 의원: 저는 송언석 원내대표, 원내대표 사직하고 의원직도 사퇴해야 된다고 봅니다. 강력하게 주장합니다. 있을 자리가 아닙니다. 사퇴해야 됩니다. 제가 영화 '달콤한 인생'을 좋아하는데요. 전체주의 세력들은 사람 목숨을 갖고 장난칩니다. 사람 목숨 갖고 장난치지 마십시오. 장동혁 대표가 당대표 선출 과정에서 윤 어게인을 외치는 전한길 극우 유튜버에게 머리를 조아리고

윤석열의 저열하고 반정치적인 '말'을 국민의힘 당대표와 원내
대표가 답습하고 있다. 송언석 국민의힘 원내대표의 "제발 그렇게
됐으면 좋았을걸"이라는 말은 '생각하지 않음'의 전형을 보여준다.
내란 동조 세력은 여전히 사회 곳곳에 포진해 '말'을 교묘히 이용
해 내란을 전염시키려 한다.

내란 세력은 일제 군국주의의 어둠, 군부독재와 권위주의 체제
의 어둠을 다시 역사의 전면으로 끌어내려는 시도를 진행하고 있
다. 살아 있는 인간, 깨어 있는 시민은 살아 있는 시체들의 행진을
막아야 할 책무가 있다.

생각하지 않는 '살아 있는 시체들의 말', 즉 말 바이러스를 차단
해야 한다. 그것이야말로 민주공화국의 정치이다. 우리의 삶을 보
전하고, 공동체의 보전을 위해서 국민주권정부가 무엇을 해야 할
것인가?

다시 한번 총리에게 질의한다.

박성준 의원: 특히 12월 3일 이후에 내란 세력들이 지금 인사에 다 들어와서 정부 산하기관에 있는데 바로 솎아내시기 바라겠습니다. 솎아내셔야 됩니다.

국무총리 김민석: 제가 검토해서 인사하도록 하겠습니다.

박성준 의원: 그리고 제가 마지막으로 다시 한번 강조 말씀 드리면 이 내란 잔적들, 내란 좀비들이 극우적 망동과 행동으로 일관하고 있는데 저는 송언석 원내대표, 장동혁 국민의힘 당대표, 맹자가 말한 내란의 잔적입니다. 그리고 한나 아렌트가 얘기하는 살아 있는 시체로서 내란 좀비들입니다. 각성하고 책임져야 됩니다. 그리고 내란 세력에 대한 처벌과 단죄를 엄중하게 해야 됩니다. 총리님, 어떻게 생각하십니까?

국무총리 김민석: 국회뿐만 아니라 우리 사회에서의 내란 극복은 모두의 과제라고 생각합니다.

박성준 의원: 과감한 인사를 통해서 정부 산하에 있는 내란 세력들 뿌리 뽑아 주시기 바라겠습니다.

내란 세력은 극우적 망언과 행동을 서슴지 않고 한다. 아직 내란의 어둠이 사라지지 않고 있다. 대한민국을 '정상화'하고, 대한 민국의 영광을 실현하고, 공적 영역에서 어둠이 아닌 빛을 회복시 키는 첫걸음은 내란 극복이다. 이재명 정부의 성공은 내란 세력을 제대로 뿌리 뽑을 수 있느냐에 달려 있다. 총리에 대한 대정부질 문에서 이재명 정부가 성공하기 위한 시대적 과제로 이처럼 내란 극복을 강조했다. 또 하나 해결해야 할 시대적 과제로 국민주권정 부의 국정철학을 잘 실현한다고 질의를 이어갔다.

박성준 의원: 이어서 이재명 정부의 국정철학과 관련해서 질의 하겠습니다. 국민주권정부의 국정철학은 뭐라고 보십니까?

국무총리 김민석: 결국은 모든 결정을 국민이 한다, 정치의 근본 이자 주인은 국민이다 하는 것이 가장 중요한 철학입니다.

박성준 의원: 저는 지금 말씀하신 것처럼 국민이 주권을 행사하 고 능동적 주체로서 정부의 정책과 국정 방향에 동참할 수 있는 기회를 만들어야 된다고 봅니다. 과거에 김대중 정부에서는 국난 극복을 위해서, IMF 극복하기 위해서 금 모으기 운동을 했고 국 민이 능동적으로 참여하지 않았습니까? 또 박정희 정권에서도 마찬가지로 새마을운동을 통해서 국민이 능동적 참여를 했단 말

이지요. 저는 이재명 정부가 바로 이러한 국민주권정부를 실현하기 위해서는 능동적 주체로서의 시민과 국민이 참여할 수 있는 공간을 만들어야 된다고 생각합니다. 혹시 방안이 있을까요?

국무총리 김민석: 좋은 방안이 있으면 말씀해 주십시오.

박성준 의원: 새마을운동, 금 모으기 운동과 같이 저는…… 이재명 정부가 AI 정책과 관련해서 최대의 전략산업으로 지금 정책을 추진하고 있는데 데이터를 모으고 에너지를 모아야 됩니다. 그런 차원에서 저는 온 국민이 에너지 모으기 운동 같은 그런 국정의 캠페인화 해서 함께할 수 있는 그런 공간을 만들면 좋겠다고 생각하는데 어떻게 생각하십니까?

국무총리 김민석: 논의해 보겠습니다.

국민주권정부는 김민석 총리가 말한 것처럼 국민이 주인이고 국민이 모든 결정한다는 국정철학에서 출발한다. 그리고 국민주권정부에게는 내란 극복, 경제 성장, 한반도 평화, 검찰과 언론 그리고 사법 개혁을 비롯한 광범위한 사회 개혁 등을 주도해야 하는 과제가 주어졌다. 또한 국민주권정부는 내란으로 인해 추락한 국가신인도를 회복하고, 정부의 신뢰는 물론 국정 정상화를 통해 통합사회로 나아가야 한다는 시대적 소명에 부응해야 한다.

국민주권정부의 국정 목표의 설정과 달성은 철저하게 민주적 절차를 준수하면서도 신속한 행정집행과 효율성 극대화를 통해 국민에게 성과로 보답해야 한다. 지도조차 없는 미지의 항해를 끝까지 책임지고 성공시키기 위해 정치력 발휘는 필수적이다. 담대함, 결단력, 협동심, 불굴의 의지, 낙관적인 전망 등이 함께 어우러져 국민을 하나로 모을 수 있는 힘이 정치력이다.

윤석열 정권의 내란으로 인해 추락한 국격, 정부의 도덕적 해이, 사회적 분열을 해결하는 것이 곧 국정의 정상화다. 그리고 국정의 정상화를 위해서는 국민을 하나로 통합할 수 있는 정치력이 뒷받침돼야 한다. 현재 '내란의 밤'을 청산하고 '빛의 혁명'을 완수하는 것이 정부의 최우선적인 과제이다. '민주공화국의 책무를 이행하는 국민'을 기반으로 모두를 공동체로 포섭하는 통합의 과업을 진행해야 한다.

과거 김대중 정부는 IMF 외환위기를 극복하기 위해서 '금 모으기 운동'을 추진했고, 온 국민의 폭발적인 참여 속에 조기에 위기를 극복하는 원동력이 됐다. '금 모으기 운동'은 그 자체로 단순한 목표가 아니었다. '국난'에 대한 위기의식을 국민과 공유하고 국난을 극복하기 위해 국민이 주체가 돼 국정의 전면에 나서는 하나의 과정이자 결과였다.

'금 모으기 운동'으로 말미암아 국난의 위기 속에 분열될 수 있는 국민을 '결집된 국민'으로 통합할 수 있었다. 전 국민의 자발적 참여로 능동적 시민, '국가를 위해 무엇을 할 것인가를 고민하는 국민'의 모습이었다. 권위주의 체제의 명령과 지시에 익숙해져 있었던 '생각 없는 국민'이 아니라 '국가 위기에 헌신하는 국민'으로의 정치적 재탄생을 가져왔다.

이런 차원에서 하나의 대안으로 이재명 정부가 추구하는 AI정책이 성공하기 위해서는 에너지가 필수조건이다. 그래서 대정부질문을 통해 AI시대 국민이 중심이 돼 에너지 모으기 운동을 하자는 캠페인을 제시했다. 이 에너지는 국민의 에너지로 만들 수 있는 계기가 될 수 있다고 본다.

대한민국이라는 민주공화국의 보전을 위해서 능동적으로 국민을 참여하게 하는 것은 결국 '정부 정책'의 민주적 결정과 집행에 달려 있다. 국민이 정책과정에 능동적 참여를 할 수 있는 방법을 모색해야 한다. 국민의 자발적인 참여를 유도하는 '에너지 모으기 운동'과 같은 정책의 입안과 실행도 고려해 볼 수 있다는 점을 총리에게 제안한 것이다.

마지막으로 대정부질문을 마치며 다시 한번 내란종식과 국민주권정부의 성공을 위해 국민이 능동적으로 참여할 수 있는 국민 캠페인이 필요하다고 강조하며 마무리했다.

"무엇보다도 내란의 확실한 종식이 이루어지지 않는다면 대한민국의 역사가 바로 서지 않습니다. 이 본회의장에서도 계엄군에 동료 의원을 팔아넘기려 했던 내란 동조 세력이 버젓이 앉아 있습니다. 좌시할 수 없습니다. 명령에 따라 행동했다는 변명만 늘어놓는 살아 있는 시체에 불과한 주요 공직자들도 아직 자리를 지키고 있습니다. 그리고 윤석열의 탈옥을 도왔던 지귀연 판사는 룸살롱을 수시로 드나든 사실이 드러났음에도 아직까지 자리에 있습니다. 그리고 내란수괴 윤석열 재판의 판사로 아직도 법대 위에 앉아 있습니다. 바로잡아야 합니다. 내란에 가담한 이들을 확실하게 단죄해야 합니다. 대한민국이 미래로 나아가기 위한 첫 걸음, 바로 완전한 내란 종식입니다. 그리고 진정한 국민주권정부로 나아가기 위해 능동적 시민이 참여할 수 있는 시민적 참여의 캠페인들을 확대해서 이재명 정부가 성공할 수 있기를 기대하겠습니다. 경청해 주셔서 감사합니다."

대정부질문을 마치고 두 달쯤 흘렀을까? 김민석 총리는 첫 질의에서의 간곡한 주문을 잊지 않았는지 국무회의에서 헌법존중-정부혁신 TF를 구성하겠다고 밝혔다. 그리도 이재명 대통령도 내란 종식을 특검에만 맡겨 둘 것이 아니라 정부 차원에서 필요한 독자 조사가 필요하다고 화답했다. 완전한 내란 종식, 한 걸음 더 가까워져 가고 있다.

대통령의 리더십:
난세에서 치세로

2025년 6월 3일 치러진 21대 대통령선거는 윤석열 탄핵 이후 실시된 대선이었다. 헌법재판소의 대통령 파면 결정 이후 60일 내에 이뤄지는 비상 상황의 선거였다. 21대 대선은 단순한 정권 교체를 넘어 대한민국의 정상화 여부를 선택하는 중대 선거였다.

내란 극복이라는 시대정신에 부합하는 인물은 누구인가? 새로운 시대에 걸맞은 비전과 대안을 제시하는 인물이 누구인가? 등이 중요한 선택의 기준이었다. 그리고 이재명 후보가 국민의 선택을 받아 새로운 시대를 여는 중대한 책임을 맡게 됐다. 선거에서 이기는 것과 국가를 통치하는 것은 엄연히 다른 문제다. 대통령의 리더십은 대한민국의 위기를 기회로 만들 수 있는 강력한 추진력과 위기 대응 능력을 갖춰야 한다. 국가를 통치하기 위해서는 확고한 국정철학과 함께 대통령의 리더십이 발휘돼야 한다. 2024년 7월 3일, 국회 본회의 대정부질문 의사진행 발언에서 다음과 같이 말했다.

윤석열 정권은 난세를 초래했다. 정권의 탐욕과 불공정, 영원한 권력을 누리려는 내란 시도가 대한민국에 어둠의 그림자를 드리웠다. 위기였다. 윤석열은 대통령이 된 이후 망도(亡道)의 길을 걸었다. 윤석열은 야당을 정치의 파트너가 아닌 반국가세력으로 몰아세우며 극단의 정치를 했다.

2024년 8월 15일, 광복절 경축사에서 반자유세력, 반통일세력, 반국가세력이라고 야당에 대한 확실한 자신의 입장을 밝혔다. 그리고 윤석열에게 이재명 더불어민주당 대표는 한낱 반국가 세력의 대표일 뿐이었다. 그렇기 때문에 이재명 대표를 향한 검찰의 탄압은 정당한 것으로 포장됐고, 상상을 초월한 윤석열의 탄압은 법과 상식을 훨씬 뛰어넘는 비상식적 수준에서 펼쳐졌다.

치세의 상징인 공정한 법집행은 찾아볼 수 없었다. 법비들이 날 뛰며 정적 제거가 상식처럼 작용했다. 대선 후보였고 대통령의 국정 파트너라고도 볼 수 있는 제1야당의 당대표를 검찰은 수시로 소환했다. 검찰 정권을 실감케 했다. 통치가 무엇인지 제대로 모른 채 윤석열 검찰 정권은 검찰의 칼을 마구 휘둘렀다. 한국 정치사에서 찾아볼 수 없는 일이 윤석열 정권에서는 일상처럼 벌어졌다.

천하를 쟁취하는 득천하(得天下)의 논리와 천하를 다스리는 이른바 치천하(治天下)의 논리가 전혀 다른 것을 간과해서는 안된다. 윤석열은 검찰을 등에 업고 당선되는 득천하의 논리를 벗어나지 못하고 있었다. 당선된 이후에도 '치천하의 논리가 무엇인지?' 고민하지 않고, 익숙한 검찰의 득천하 논리, 상대를 제거하고 힘으로 누르는 방식에만 골몰했다.

치도(治道)와 망도(亡道)의 갈림길에서 정치 지도자는 치도의 길을 가야 한다. 윤석열은 통치권을 자의적으로 행사하는 폭압적 정치로 망도의 길을 걸었다. 친윤들이 득세하고 외척인 김건희 세력이 발호했다. 국가는 널리 인재를 등용하면 커지고 작게 등용하면

작아지기 마련이다. 한 특정 세력이 권력을 독점하면 자신들과 가까운 자들만 등용될 뿐이다. 당연히 사익 앞세우기 마련이고 공익은 설 자리를 잃게 된다. 그러는 사이 공동체는 위기에 빠지게 된다. '치도(治道)로 갈지? 망도(亡道)로 갈지?'는 전적으로 대통령 자신과 집권 세력의 몫이다.

이재명 국민주권정부는 치도(治道)로써 난세에서 치세의 문을 활짝 열어야 한다. 국민주권정부의 국정철학에 맞춰 국정의 우선순위를 정하고 무엇을 먼저 해결할지, 완급 조절을 하는 치세의 묘를 발휘해야 한다. 시대를 볼 수 있는 안목을 갖춘 인재들과 함께 국정을 이끌어야 한다. 특히 치세를 열기 위해서는 대외적 안정, 대내적으로 경제적 풍요, 공정한 법집행이 이뤄져야 한다.

먼저 치천하로서 통치의 기본은 권력기관을 잘 다스리는 것이다. 검찰과 경찰, 군대, 국정원 등 국가의 권력기관에 대한 상호 견제와 균형을 통해 국민을 위해 봉사하는 기관으로 거듭나도록 해야 한다. 국가 권력기관이 국민주권의 원리에 맞게 충실히 업무를 수행할 수 있도록 해야 한다.

국가 권력기관이 이와 같이 제자리를 잡을 때 공정한 법집행이 뒤따르게 된다. 또 하나의 통치 기본은 국민의 먹고사는 삶의 문제를 해결하는 것이다. 대내적으로 경제적 풍요의 시대를 만들어야 한다. 경제 문제는 이재명 정부의 성공을 알 수 있는 가늠자이다. 국민의 삶이 개선될 때 치세는 자연스럽게 이뤄진다. 실용주의 정책은 치천하에 이르는 유효한 도구이다.

마지막으로 치세의 요건으로 대외적 안정을 들 수 있다. 한반도 평화 문제 역시 매우 중요하다. 외교와 안보, 국방을 튼튼히 해 대외적 위기를 없애야 한다. 대외적 불안요소가 클 때 이는 대내적인 위기로 이어질 수 있고, 민심이 흔들릴 수 있다. 이재명 정부의 성공 열쇠는 치세의 세 가지 요건을 갖추는 것이다. 윤석열의 난세에서 이재명의 치세로 나아가야 한다.

국민주권정부와
개혁 주도 세력

민주주의 원리는 국민주권의 원리를 기반으로 한다. 그리고 대의민주주의는 국민이 선출한 대표가 국민의 위임을 받아 국민을 대리해 국가를 운영하는 방식이다. 윤석열 정권을 민주주의를 퇴행시켰다. 그 근본적 원인은 선출되지 않고 임명된 행정관료나 사법부의 판사들이 민주적 통제를 받지 않고 자의적으로 권력을 행사하는 데 있었다.

윤석열 정권에서 국민의 선택을 받지 않은 검사와 판사, 경찰, 군대, 감사원의 공무원들이 국민의 뜻에 반하는 일을 서슴없이 하는 것을 목도했다. 국가 권력기관의 공권력이 폭력적으로 남용됐다. 국민주권의 원리에 기반한 민주주의가 언제든지 무너질 수 있다는 것을 여실히 보여줬다.

특히 검찰과 사법부는 자신들의 기득권과 특혜가 없어질 수 있다는 우려와 함께 조직적으로 저항하고 있다. 일부 검사와 판사들은 자신들이 휘두르는 권력이 누구에게도 통제받지 않은 독립된 권력인 것처럼 착각하며 권력 자체를 장악하려는 시도까지 했다. 그 대표적인 예가 윤석열의 내란이고, 대법원이 대통령선거에 직접 개입하고자 시도했던 조희대의 5.1 사법 내란이었다.

오늘날 한국에서 검찰과 사법부는 마치 누구에게도 통제받지 않는 조직처럼 군림하고 있다. 국가권력의 정당성은 오직 국민으로부터 나온다는 헌법정신에 기반한다. 따라서 선출된 대표는 선출되지 않은 임명직 공무원을 민주적 방식으로 통제를 해야 한다. 그것이 대의민주주의이고 국민주권의 원리이다.

이재명 정권은 국민주권정부이다. 한마디로 국민이 주인인 정부이고, 국민이 주권을 갖는 국민주권의 나라를 말한다. 이재명 대통령의 국민주권정부는 그 어느 정권보다 단단한 국민의 지지를 받고 있고 의회 다수당을 향성하고 정책 무장까지 잘 준비한 정권이다.

이재명 대통령의 리더십은 개혁적이면서도 동시에 실용적인 측면도 갖추고 있다. 이러한 기반 위에 이재명 정부가 성공하기 위해서는 이재명 정부를 뒷받침할 든든한 세력이 필요하다. 국정을 정상화시키고 앞으로 추진할 개혁을 체계적이고 안정적으로 이끌어 갈 '개혁 주도 세력'이 만들어질 때, 이재명 정부가 비로소 성공할 수 있을 것이다. 역대 정부의 성공 열쇠는 대통령의 리더십과 더불어 개혁 주도 세력이 있었느냐에 달려 있었다. 개혁 주도 세력이 임기 말까지 큰 대세를 이루지 못하고 흩어지면 늘 권력은 위기에 빠지게 된다.

개혁 주도 세력이 안정적으로 자리 잡기 위해서는 여말선초 신진사대부나 미국 건국의 아버지들처럼 시대를 상징하고 대표하는 세력을 형성해야 한다. 이재명 정부가 시대의 물결을 만들고, 민심을 얻어 성공하기 위해서는 '이재명표' 개혁 주도 세력이 반드시 자리 잡아야 한다. 정치 권력이 효과적으로 작동되기 위해서는 다음 세 가지가 필요하다.

첫째, 자기 세력을 강화해야 한다.
둘째, 적대 세력을 약화시켜야 한다.
셋째, 대중의 동의를 얻어야 한다.

이재명 정부가 효과적으로 정치권력을 행사하기 위해 선결조건으로 자기 세력을 강화해야 한다. 그러기 위해서는 핵심 주도 세력이 있어야 한다. 내란의 뿌리가 생각보다 깊다. 내란의 중심 세력이 사회 곳곳에 포진해 있다. 개혁 주도 세력은 내란 세력이 다시 준동하지 못하도록 확실하게 제압해야 해야 한다.

이재명 정부가 개혁 주도 세력을 확보하고 정권이 효과적으로 일하기 위해서는 정당의 역할이 무엇보다 중요하다. 민주당이 개혁 주도 세력의 핵심이고 이재명 정부를 든든하게 뒷받침하는 버팀목이 돼야 한다. 그래서 '당정대원팀'이라는 말이 나오는 것이다. 당은 민심에 귀 기울이고, 개혁 입법을 만들고, 정치력을 발휘해야 한다.

민심의 최전선에서 민주당이 정책의 속도와 방향을 제시하고 정부와 손발을 맞춰야 정권의 안정으로 이어진다. 당과 정부가 같은 방향을 보며 호흡을 맞추는 것 자체가 대통령의 리더십이 된다. 당정대원팀이 대한민국의 미래 비전을 만들고, 확실한 성과를 통해 좋은 결실을 맺어야 한다.

이재명 대통령과 민주당의 당대표, 총리가 긴밀하게 소통하고 유기적인 시스템을 만들고 유지하는 것이 필수적이다. 민주당이 중심이 된 개혁 주도 세력을 바탕으로 형성된 당정대원팀이 이재명 정부 성공의 열쇠이다.

아직도 내란 세력은 자신들의 카르텔을 형성하고 있다. 내란 세력은 특검 정국에서 숨죽이며 기회를 엿보고 있지만, 조그마한 틈이라도 나면 고개를 들고 다시 일어서 준동할 것이다. 내란에 동조했던 검찰과 사법부 그리고 언론도 여전히 건재하다. 이 내란 세력과 싸울 수 있는 유일한 세력이자 적임자는 바로 민주당이다. 민주당이 나서서 싸우고, 개혁안을 만들고 책임져야 한다. 그것이 민주당이 개혁 주도 세력이 될 수밖에 없는 이유이다. 민주당이 내란 세력을 막아내고, 시대와 함께하고, 우리가 꿈꾸는 대한민국을 만드는 주체가 돼야 한다. 그래야 이재명 정부가 성공할 수 있다. 민주당이 개혁 주도 세력으로서 하나가 돼야 정권 재창출을 할 수 있고 국민에게 희망을 제시할 수 있다.

천하위공과 Republic
그리고 New Prince

국가는 공공성이라는 가치를 지향하는 정치 공동체이다. 통치자는 사익이 아닌 공익, 공공선, 공공성을 추구하고 실천하는 사람이다. 동양과 서양 정치사상의 기본은 공히 공공성에 뿌리를 두고 있다. 천하위공(天下爲公)은 '천하는 공적인 것'이라는 뜻이고, Republic의 어원은 les publica로 '국가는 한 개인의 소유가 아닌 시민 모두의 것'임을 뜻한다.

국가는 공공성을 수호하기 위해 막스 베버가 말하는 군대와 경찰 등 국가권력을 통해 합법적 폭력을 행사할 수 있다. 합법적 폭력을 행사하는 권력기관 검찰, 경찰, 군대, 국정원, 감사원 등이 자의적으로 권력을 행사하고, 견제받지 않는 권력을 행사할 때 국가의 공공성은 무너지게 된다. 따라서 대통령과 국회의원 같은 국민에 의해 직접 선출된 권력이 공공성을 유지하고 실현할 수 있도록 견제하고 다스려야 한다.

한나 아렌트는 공사 영역을 경계 짓게 하는 안전장치가 바로 법률이라고 강조했다. 법에 의한 공권력 행사를 뜻하는 법치주의는 합법적 폭력의 행사가 법에 의해 엄격히 제한된다는 것으로 국가의 공공성을 확보하는 기준으로 작용한다. 동시에 법률은 인간의 사적 욕구를 억제시키고 공적 영역을 유지시키는 장치이다.

윤석열 정권에서는 국가의 공공성이 무너졌다. 윤석열 정권에서 법률은 상대를 제거하는 도구로써 활용됐고, 국가권력은 자의적으로 폭력을 행사해 국가의 공공성을 송두리째 흔들었다. 공공성을 지향하지 않을 경우 권력의 사유화와 독점은 일종의 공식처럼 작동된다. 윤석열 정권은 공공성의 부재로 권력을 남용하고, 부정부패가 만연하고, 그들만의 리그전으로 인사를 해 나라를 병들게 했다. 그 폐해가 여실히 드러나고 있다.

이재명 국민주권정부는 바로 국가의 공공성을 실현해야 한다. 이재명 대통령의 가장 중요한 과제는 국민에게 이재명 정부가 사익이 아니라 공익을 위한 최선의 선택지였다는 것을 증명하는 일이다. 이재명 국민주권정부 시대의 개혁이 국민의 공공선을 실현하고자 한다는 점을 명확히 제시해야 하고, 이를 바탕으로 한 성과와 업적으로 평가 받아야 한다. 그것이 국민의 손으로 선출된 대통령의 숙명이다.

마키아벨리는 새로운 군주(New Prince)가 탄생하기 위해 비르투(virtu 역량)와 포르투나(fortuna 행운의 여신)를 갖춰야 한다고 했다.[15] 이재명 대통령은 성남시장, 경기도지사, 당대표를 두루 거치며 비르투를 갖춰왔고, 검찰의 무자비한 칼날을 피해 가며 온갖 방해와 압제 속에서도 포르투나가 손을 잡아 줬다. 새로운 군주의 비르투를 강화시키기 위해 고난과 역경은 필수적이다. 그리고 포르투나는 새로운 군주가 강력한 적을 무너뜨릴 수 있는 기회를 제공함으로써 출중한 능력과 역량을 갖출 수 있는 길을 열어준다.

윤석열 검찰 정권의 등장은 이재명이라는 정치인에게는 고난과 역경, 위기의 시간이었다. 그리고 강력한 검찰 정권의 탄압은 이재명의 비르투를 강화시키는 결과를 가져왔다. 이재명은 윤석열 검찰 정권과 물러서지 않고 맞서 싸우면서 기존의 행정가에서 국가를 통치할 수 있는 통치자로 점차 진화해 간 것이다. 그리고 역설적이게도 윤석열 검찰 정권은 이재명 대통령에게 위기가 아닌 포

---

15 Machiavelli, Niccolo 저·강정인 역.『군주론』제18장. 까치, 2011. 참조

르투나였다.

마키아벨리는 새로운 군주를 '새로운 질서의 발견자' 또는 '영광의 실현을 목적으로 하는 자'라고 정의 내렸다. 영광의 실현은 새로운 정치 질서를 구축할 때 달성된다. 그 새로운 질서는 바로 공적 영역과 사적 영역의 경계 짓기로 이것을 성공한 통치자가 바로 새로운 군주이다. 이재명 대통령은 대한민국 영광의 실현자로서 국가의 공공성을 확보해 천하위공과 성공한 통치자가 돼야 한다.

6장

끝맺음

2020년의 기록과 다짐, 그리고 초심

2020년 2월 2일 더불어민주당에 입당하면서 정치에 첫발을 내디뎠다. 그리고 민주당 입당을 앞두고 '나는 누구이고? 왜 정치를 하려고 하는가? 왜 민주당을 선택했는가?'를 차분하게 정리하는 시간을 가졌다. 정치를 한다는 것은 앞서 이야기한 것처럼 사익을 멀리하고 공공성을 실현하겠다는 스스로의 다짐이자 선언이기 때문이다. 정치에 대한 꿈을 꾸고, 정치에 대한 비전을 제시하고, 현실정치에 뿌리를 내리고 정치 이상을 펼치기 위해서는 가장 먼저 자신의 입장을 분명히 해야 한다. 그 이후 입당 선언문을 작성하고 입당식을 하는 자리에서 발표했다.

앞으로 정치에 입문하고자 하는 분들도 반드시 거쳐야 할 코스이다. 지금 이 책을 쓰고 있는 2025년 말, 정치를 앞두고 어떤 정치를 할 것인지, 왜 정치를 해야 하는지 고민했던 시간이 5년을 훌쩍 넘어 6년에 가까워지고 있다. 2020년 그날의 초심에서 지금은 어디쯤 와 있을까. 다시 2020년 초심으로 돌아가 현재 모습을 되돌아본다. 2020년 기록을 펼쳐봤다.

"왜 정치를 하려는가?"

저는 1996년부터 2020년까지 24년을 아나운서와 앵커로서 방송인으로 살았습니다. 제가 경험하고 이해한 방송은 세상을 연결하는 소통의 장으로서 시청자들과 현재의 어려움과 고민을 같이 하고 미래를 꿈꾸는 공간입니다. 특히 저는 시사 프로그램을 진행하면서 늘 이슈와 현안을 전달하고 전문가들과 더불어 시사 정보에 대한 깊이 있는 의견을 나누는 현장에 서 있었습니다. 또한 시청자들과 함께 공감할 수 있는 교양 프로그램도 진행했습니다. 교양과 시사 등 다양한 방송을 통해 시청자들에게 진행자로서 본인의 대중적 '인지도'와 '호감도'를 높일 수 있는 계기를 얻을 수 있었고 확장성이라는 측면에서 저 자신만의 호소력과 경쟁력을 갖출 수 있었습니다.

KBS 대전 방송총국 아나운서(1996~2012)로 활동하면서 'KBS 대전 뉴스광장' '충청패트롤' '아침마당'을 진행하며 큰 인기를 끌었고, JTBC 아나운서 팀장으로 재직하며 '박성준의 직격 토론', 'JTBC 뉴스 아침', 'JTBC 뉴스현장', 'JTBC 사건반장'의 앵커로서 대중적 인지도를 높였으며, 저의 방송 이미지에 대한 시민들의 큰 호응을 확인하고 있습니다.

방송인의 생활과 별도로 제 개인적으로는 방송에서 못 다한 시대의 고민을 심도 있게 다루기 위해 끊임없이 성찰하고 공부하며 대한민국이 나아가야 할 방향을 모색해 왔습니다. 그래서 저는 한국외국어대학교 정치외교학과를 졸업한 후, 방송에 종사해 오면서 다시 충남대학교 대학원 정치학 석사를 거쳐, 성균관대학교 대학원에서 정치학 박사학위까지 취득했습니다.

「조선초 군신 간 관계와 공론정치에 관한 연구」라는 제 박사학위 논문은 우리의 정치적 DNA라고 할 수 있는 조선의 정치 체제와 문화를 연구하고 그 핵심에 공론 정치가 놓여 있다는 사실에 초점을 맞춘 것입니다. 우리의 정치적 정체성을 밝힌 박사학위 논문을 쓴 후, 저는 이를 현재 우리의 과제에 적용하여 미래를 모색할 수 있는지 기획해 보았고 그 결과 『한국의 미래전략(신서원, 2012)』이라는 저서를 쓸 수 있었습니다.

여기에서 저는 한국의 성장동력이 무엇이고 무엇을 준비해야 하는지 고민했고 궁극적으로는 '과학과 기술'이 한국의 미래를 결정할 것이라는 해답을 제시했습니다. JTBC 아나운서 팀장으로 재직 중에는 『정치언어의 품격(신서원, 2016)』이라는 저서를 냈습니다. 이 책에서 정치의 본질은 말에서 출발하고, 정치인의 말을 통해 권력이 만들어지고 정당화되기 때문에 정치인의 말, 즉 정치언어는 국가의 기본이며 기초질서를 형성한다고 주장했습니다. 따라서 정치언어가 혼란스러우면 당연히 사회와 국가가 무질서하게 돌아간다고 갈파했습니다. 더 나아가 정치언어가 품격을 갖추기 위해서는 인간의 마음과 세상의 변화를 읽어야 한다고 강조했습니다.

저는 대외적인 활동도 꾸준히 해오며 내실을 다져왔습니다. 2002년 대전 KBS 대전 방송총국 재직 중에는 지역 오피니언 그룹인 '포럼글로컬'을 조직해 지금까지 활동하면서 충청 지역의 이슈와 담론에 대해 지속적인 관심을 기울여왔습니다. 2012년 KBS에서 JTBC로 옮긴 이후 서울에서도 다양한 영역의 전문가들과 다층적인 활동을 해오고 있습니다. 또한 정치학 박사학위에 걸맞은 학문적 소양도 꾸준히 유지하고 있으며, 국제정치학회, 한국동양정치사상학회, 지방자치학회에서 대학과 연구소 등

한국의 정치학자, 행정학자 등과 수많은 교류를 통해 폭넓은 소통 채널과 인적 네트워크를 갖고 있습니다. 그리고 KBS 대전 방송총국에서 아나운서로 일하면서 배재대학교 미디어정보학과와 정치외교학과에서 겸임교수를 역임했고, 2019년에는 건국대 안보재난관리학과에서 '리더십과 위기관리'를 강의했습니다. 위와 같이 본인이 밟아온 인생 노정을 말씀드린 이유는 왜 제가 이 시점에서 한국 정치에 참여하려고 하는지를 밝히기 위해서입니다. 저는 오랜 방송 경험과 학문적 훈련, 그리고 다종다양의 사회구성원들과 교감하면서 현재 대한민국이 직면한 상황이 역사적 터닝포인트라고 판단합니다. 대외적으로 대한민국이 주도할 것인지 아니면 끌려다닐 것인지 기회와 위기의 경계선에 놓인 불안한 상태이고, 대내적으로 경기 활성화, 인구문제, 불평등, 부패, 청년실업, 사회 양극화 등 해결해야 할 문제들이 산적해 있습니다.

저는 이번 2020년 총선에 대내외 문제를 꿰뚫어보고 진단할 수 있는 통찰력과 이를 처방하고 해결할 수 있는 실천력을 갖춘 미래지향적인 비전으로 무장한 수많은 인재가 나서야 한다고 생각합니다. 저는 이런 시대적 흐름에 온몸을 실어 함께하려고 합니다. 이제는 방송과 학문적 영역이 아닌 정치현장에서 한국 사회가

"왜 민주당을 선택했는가?"

정치는 늘 위기에 직면하게 됩니다. 한나 아렌트가 말한 것처럼
정치는 지도 없이 떠나는 항해와 같이 온갖 위험과 돌발변수로
가득 차 있습니다. 현실에서는 경제가 어려워 불만이 팽배해질
수 있고, 대형 인명피해 사고로 불안감에 휩싸이고, 부패와 부정
비리 사건에 분노가 폭발할 수 있습니다.

그렇다면 현실 정치는 이러한 필연적인 위기를 어떻게 진단하고
처방책을 내려 대응해야 할 것인가?를 생각해 문제를 해결하고
끝내 항해를 무사히 마쳐 국가와 사회를 안전하게 목적지에 도
착하게 만들어야만 합니다. 저는 정치가 현재의 문제를 해결하고
미래를 준비해 국민이 최종 목적지인 행복한 삶을 살 수 있도록
선원들인 국민과 함께 만들어가는 항해 같은 과정이라고 생각합
니다. 민주주의에서 선원인 국민을 이끌고 최종 목적지인 행복한

삶으로 나가게 하는 불굴의 신념과 확신을 가진 선장 역할을 하는 것이 바로 정당입니다. 정당의 존재 의의는 현실의 위기상황에서 어떻게 대처하느냐에 따라 진면목이 드러나게 됩니다.

저는 민주주의에서 정당의 역할이란 크게 두 가지로 집약될 수 있다고 생각합니다. 그것은 과거의 잘못된 문제를 해결하는 동시에 새로운 일을 만들어 가는 것입니다. 과거의 잘못이 쌓이고 쌓여 현재까지 여전히 국민의 삶을 어렵게 하고 있는 문제는 개혁이라는 이름 하에 해결해야만 하는 일입니다. 새로운 일이란 현재에서 미래로 향해 나아갈 비전과 더불어 실질적인 성과를 얻을 수 있는 일입니다. 과거에서 현재에까지 이르는 문제는 부패와 불평등처럼 온갖 부조리를 가리키고, 현재와 미래로 가는 새로운 길은 교육을 바탕으로 한 인재 양성과 앞으로 먹을거리를 만드는 과학기술을 기반으로 한 성장동력을 말합니다.

저는 민주당이 우리 사회의 가장 큰 문제인 과거부터 누적된 부패를 뿌리 뽑고 사회 양극화와 소득 양극화에 따른 불평등 문제를 해결하는 데 앞장서 왔음을 공감하고 있습니다. 또한 현재 직면한 양대 과제인 검찰 개혁과 언론 개혁에도 힘을 기울여 더 나은 사회로 나가기 위한 초석을 다졌다고 생각합니다. 이제는 미래로 나아가기 위해 교육 문제에도 심혈을 기울이고 널리 인재를 구하면서 새로운 국가 성장동력을 만들어 내기 위해 혁신 성장의 초석을 하나하나 만들어가고 있는 모습을 분명히 보고 있습니다. 더욱이 저의 최종 정치적 목표인 남북관계의 개선을 통한 한반도 평화를 안착시키려는 민주당과 정부의 노력은 후속세대의 행복한 삶을 위해 어느 누구나 볼 수 있는 항해도를 만들어 나가는 것이라고 생각합니다.

저는 민주당이 현실을 직시하고 무엇을 할 것인지 그 방향을 정확히 읽고 미래로 나아가고 있다고 판단하며 민주당의 지향점을 공감하고 있습니다. 저는 오랜 방송과 사회경험을 통해 우리 사회의 문제를 당장에 해결한다는 것이 얼마나 어려운지 잘 알고 있습니다. 여전히 불확실성의 시대이지만 저는 그 가운데서도 민주당이 통찰력을 구비하여 오늘을 보고 세계적인 안목으로 이 시대가 무엇을 해결해야 하는지 그 본질을 정확히 보고 실천하고 있다고 생각합니다. 이에 저는 민주당에 몸을 실어 그 정치적 목표와 비전을 함께 하는 정치 전선에 나서고자 합니다.

민주당에 입당하는 이유 - '만남의 언어와 해결의 언어'를 찾기 위해[16]

저는 24년을 아나운서와 앵커로서 방송인으로 살았습니다. 오랫동안 시사프로그램을 진행하면서 이슈와 현안을 전달하고 시사 정보에 깊이 있는 의견을 나누는 현장에 있었습니다. 아시다시피 방송은 언어를 매개로 하는 직업입니다.

2016년도에 『정치 언어의 품격』이라는 책을 쓰면서 제가 만약 정치에 입문한다면 '나의 정치 언어는 무엇으로 정의 내릴 것인가?'를 깊게 고민했습니다. 이것은 '정치를 왜 하려는가?'에 대한 본질적 질문이었습니다.

그 답은 바로 '만남의 언어' '해결의 언어'입니다.

방송의 모습은 다양합니다만 제가 생각하는 방송은 다름 아닌 "만남"입니다. 언어라는 매개로 수많은 사람을 만나는 것입니다. 그리고 그 만남의 결과는 "해결책"을 모색하는 것이었습니다. 방송인에서 정치인으로 나가려는 이유는 바로 여기에 있습니다. 이제는 방송을 넘어 정치현장에서 사람들과 만남을 통해 문제를

---

16 2020.2.2., 박성준 「더불어민주당 입당 기자회견문」

해결하기 위해 현장으로 들어가려고 하는 것입니다.

현재 대한민국의 상황은 역사적 터닝포인트라고 생각합니다. 대외적으로는 대한민국이 주도할 것인지 아니면 끌려다닐 것인지 놓여 있고, 대내적으로는 경기 활성화, 인구문제, 불평등, 부패, 청년실업, 사회 양극화 등 해결해야 할 문제들이 산적해 있습니다.

정치는 늘 위기에 직면하게 됩니다. 한나 아렌트가 말한 것처럼 "정치는 지도 없이 떠나는 항해"와 같이 온갖 위험과 돌발변수로 가득 차 있습니다. 저는 정치가 현재의 문제를 해결하고 미래를 준비해 국민이 최종 목적지인 행복한 삶을 살 수 있도록 국민과 함께 만들어가는 항해와 같은 과정이라고 생각합니다.

저는 더불어민주당이 최종 목적지를 가기 위해 크게 두 가지 일을 해야 한다고 생각합니다. 그것은 과거의 잘못된 문제를 해결하는 동시에 새로운 일을 만들어가는 것입니다.

과거에서 현재까지 이르는 문제는 부패와 불평등과 같은 온갖 부조리입니다. 이것은 하루빨리 개혁해야만 합니다. 현재에서 미래로 가는 새로운 길은 교육을 바탕으로 한 인재 양성과 과학기술을 기반으로 한 성장동력을 만드는 것입니다.

저는 민주당이 우리 사회의 가장 큰 문제인 누적된 부패를 뿌리 뽑고 사회 양극화와 소득 양극화에 따른 불평등의 문제를 해결하는 데 앞장서 왔다고 공감하고 있습니다. 또한 현재 직면한 양대 과제인 검찰 개혁과 언론 개혁에도 힘을 기울여 더 나은 사회로 나가기 위한 초석을 다졌다고 생각합니다.

이제는 현재에서 미래로 나아가기 위해 교육 문제에도 심혈을 기울이고 널리 인재를 구하고 있습니다. 또한 새로운 국가 성장 동력을 만들어 내기 위해 혁신성장의 기반을 다져가고 있습니다.

더욱이 남북관계의 개선을 통한 한반도의 평화를 안착시키려는 노력은 후속세대의 행복한 삶을 위해 누구나 볼 수 있는 항해도를 만드는 일이라고 생각합니다.

저는 민주당이 현실을 직시하고 무엇을 할 것인지 그 방향을 정확히 읽고 미래로 나아가고 있다고 판단하고 있습니다.

오랜 방송과 사회경험을 통해 우리 사회의 문제를 당장에 해결한다는 것이 얼마나 어려운지 잘 알고 있습니다. 여전히 불확실성의 시대이지만 민주당은 오늘을 보고 세계적인 안목으로 이 시대가 무엇을 해결해야 하는지 그 본질을 정확히 보고 실천하고 있다고 생각합니다.

이에 저는 민주당에 몸을 실어 그 정치적 목표와 비전을 함께 하는 정치 전선에 나서고자 합니다. 앞서 말씀드린 만남의 언어이자 해결의 언어로 민주당과 함께하려 합니다.

현실 정치인으로서 국민을 만날 것입니다. 대화할 것입니다. 그 만남과 대화 속에서 국민과 함께 해결책을 찾아낼 것입니다.

저는 장담합니다. 분명 해답은 국민에게 있습니다.

국민 여러분, 이제 여러분을 만나러 갑니다.

감사합니다.

이와 같이 2020년의 기록은 정치에 대한 분명하고 선명한 입장과 비전을 담고 있다. 초선과 재선을 하면서 현실정치에 발을 딛고 정치 이상과 비전을 실천하기 위해 흔들리지 않고 한발 한발 뚜벅 뚜벅 나아갔다. 시대의 현안을 깊이 있게 분석하고 심도 있게 다루기 위해 끊임없이 공부하고 토론해왔다. 2020년의 기록과 다짐, 그리고 초심은 정치인 박성준에게 언제나 길을 밝혀주는 등불과 같다.

박성준이 꿈꾸는
대한민국 정치

정치에 입문한 지 어느덧 6년 가까운 시간이 흘렀다. 그러나 정치의 본질에 대한 생각은 입문 전이나 지금이나 변함이 없다. 정치의 본질은 대내외적 위기를 극복하고 대한민국의 영광을 실현하는 것이다. 정치인의 최종 목표가 여기에 있다. 정치는 늘 현재진행형이다. 하나의 현안이 완료형으로 마무리되는 것 같지만 또 다른 문제와 연결돼 또 다른 현안으로 떠오르게 된다.

그래서 정치 현장에서 대한민국이 안고 있는 문제를 해결하기 위해서는 온몸으로 정치 전면에 나서야 한다. 문제의 해결과 더불어 정치 비전은 대한민국의 영광을 실현하는 매개체이다. 대내외적인 문제의 해결과 정치 비전은 정치인이 가져야 할 필수적 덕목이다.

　문제의 해결과 정치 비전은 무엇인가? 첫째, 문제의 해결은 오랜 기간 우리 사회에 누적된 병폐를 청산하는 것으로 출발한다. 개혁은 필수적이다. 국민의 삶을 어렵게 만들고 있는 문제는 개혁이라는 이름으로 반드시 해결해야만 한다. 그리고 잘못된 문제를 해결하면서 대안까지 마련해 개혁의 부작용을 최소화해야 한다. 우리 사회를 멍들게 하는 과거의 잘못된 문제가 해결되지 않고 쌓이고 쌓이면 종국에는 돌이킬 수 없는 국가위기를 불러온다.

　그런 면에서 검찰 개혁, 사법 개혁과 언론 개혁은 대한민국이 더 나은 사회로 나가기 위한 기본 토대이다. 검찰개혁을 실기해 검사출신 윤석열이 등장해 대한민국을 얼마나 퇴보시켰는가? 이러한 우를 다시는 범하지 말아야 한다. 검찰 개혁은 시대의 소명이자 역사의 책무이다. 누적된 부패와 부조리를 들어내야 대한민국이 더 우뚝 설 수 있다.

　또한 개혁 못지 않게 사회 양극화와 소득 양극화 같은 불평등의 문제도 정치의 영역에서 해결해야 할 시대적 과제이다. 수십년 전보다 소득 수준은 압도적으로 높아졌지만 오히려 행복도는 낮아졌다는, 아이러니한 통계는 양극화로 말미암은 불평등이 국민의 삶에 미치는 영향을 적나라하게 보여준다. 정치는 굶지 않는 것은 물론 국민이 웃을 수 있는 마음 편한 나라를 만드는 역할을 해야 한다.

둘째, 정치 비전은 새로운 미래에 대한 비전을 제시하는 일이다. 비전은 현재에서 미래로 나아가면서 국민을 하나로 모을 수 있는 힘이 된다. 비전은 실질적 성과로 이어져야 한다. 현재에서 미래로 향해 가기 위해 교육 개혁에도 심혈을 기울여야 한다. 누구에게나 교육 기회를 제공하고 널리 인재를 양성해 사회에 활력을 불어넣어야 한다. 인재는 국가 성장동력의 근원이다. 대한민국의 교육을 통한 인재 양성은 대한민국 혁신 성장의 초석이 됐다.

AI시대는 대한민국의 새로운 길이자 새로운 비전이다. AI시대는 현재와 미래를 이어주는 다리로써 인재 양성과 더불어 앞으로 대한민국을 전 세계 5대 강국으로 이끌 수 있는 성장동력이 될 수 있다. 인적자원과 과학기술을 기반으로 대한민국의 새로운 비전을 제시해 국민의 에너지를 갈등과 분열이 아니라 대한민국 영광의 실현이라는 긍정의 에너지로 만들어야 한다.

결국, 모든 정치인은 '정치를 왜 하려는가?'에 대한 본질적 질문에 직면해 자신만의 철학에 기반한 답을 내놓을 수 있어야 한다. 그리고 한 번 답하고 끝나는 것이 아니라 끊임없이 성찰하며 계속해서 더 나은 답을 찾아야 한다. 답을 찾기 위한 정치 과정에서 수많은 사람을 만나고, 수많은 문제를 접하게 되고, 그 사람을 만나 그 문제를 해결하게 된다. 정치는 만남과 해결의 과정이다. 국회 본회의, 상임위원회, 정책회의, 토론회와 공청회, 지역 현장 등 다양한 곳에서 동료 정치인을 비롯하여 관료, 이해 당사자, 시민 등을 만나 듣고, 토론하고, 현안을 해결하는 과정이 곧 '정치'인 것이다.

외교·안보, 국방에서부터 내수 진작, 경제 성장, 인구 감소 대응, 교육과 부동산, 불평등과 부패, 사회 양극화 등 정치가 해결해야 할 문제는 곳곳에 산적해 있다. 정치가 다른 분야의 일과 다른 점은 사안에 집중하여 순리대로 문제를 풀어가더라도 예기치 않은 변수가 발생해 위기로 이어질 수도 있다는 점이다.

그래서 정치는 늘 상수와 변수를 동시에 관리하면서 현재 문제를 해결해야 한다. 이 부분에서 정무적 판단은 문제 해결능력의 필수요소가 된다. '정치를 왜 하려고 하는가'에 대한 답과 정무적 판단 결과의 지향점은 결국 공동체의 발전과 국가 영광의 실현, 국민이 보다 나은 삶을 살 수 있도록 해야 한다는 결론으로 수렴한다.

정치 입문 이후 수많은 정무적 판단의 순간에도 이러한 결론을 늘 근저에 두고 판단의 근거로 쌓아 올렸다. 2020년 당시 "왜 정치를 하려는가?" 자문(自問)했던 초심을 새롭게 다듬어가며, 앞으로

의 정치 여정도 국민과 공감하며 국민의 목소리를 듣고 답을 찾아
나갈 것이다. 그리고 냉철한 정무적 판단은 결국 더 나은 정치에
대한 희망과 국민에 대한 따뜻한 시선, 정치인 박성준이 꿈꾸는
목표를 향해 나아가기 위한 나침반이 되어줄 것이다.

정 무 적
판 |균일적 순간의 연속| **단**

초판 1쇄 발행 2026년 1월 20일

지은이 | 박성준
펴낸이 | 정광성
펴낸곳 | 알파미디어
편집본부장 | 임은경
디자인 | 황하나
홍보, 마케터 | 차재영

출판등록 | 제2018-000063호
주소 | 05387 서울시 강동구 천호옛12길 18, 한빛빌딩 2층(성내동)
전화 | 02 487 2041
팩스 | 02 488 2040
이메일 | alpha_media@naver.com
ISBN | 979-11-7502-020-7 (03340)